REL*a*t⊚s2

Historias
cortas
para
aprender
español

Edi
numen

En este libro se incluyen los relatos ganadores del **Concurso de relatos para la clase de ELE** de Editorial Edinumen:

(A2) **1.ᵉʳ Premio**. *El verano del mundial*, de Javier Alcántara Pedrajas.

(B1) **1.ᵉʳ Premio**. *La estación de mi fantasma*, de Belén Martín-Ambrosio Francès.
Premio Accésit: *La Casa Carbonell*, de Miguel Ángel Albujer Lax.

(B2) **1.ᵉʳ Premio**. *Lenguas*, de Sonia Remiro Fondevilla y Rocío Lerma Sánchez.
Premios Accésit: *Así fue* de Neus Claros Andolz y
El agente secreto de Alberto Pastor Sánchez.

© Editorial Edinumen, 2013
© Autores por orden alfabético: Miguel Ángel Albujer, Javier Alcántara, Guadalupe Arias, Georges Charmet, Neus Claros, Rafael González, David Isa, Rocío Lerma, Belén Martín-Ambrosio, Alberto Pastor, Sonia Remiro y Patricia Sáez

ISBN: 978-84-9848-529-5
Depósito Legal: M-34988-2016
Impreso en España
Printed in Spain

1.ª edición: 2013
1.ª reimpresión 2016

Edición: David Isa
Diseño de portada: Juanjo López y Carlos Casado
Diseño y maquetación: Ana Gil y Antonio Arias
Fotografías: Archivo Edinumen, Rafael González, Miguel Á. Albujer, Alberto Pastor y Neus Claros

Impresión:
Gráficas Glodami. Coslada (Madrid)

Editorial Edinumen
José Celestino Mutis, 4. 28028 - Madrid
Teléfono: 91 308 51 42
Fax: 91 319 93 09
e-mail: edinumen@edinumen.es
www.edinumen.es

Prólogo

Relatos 2. Historias cortas para aprender español es un material que continúa con la misma idea que su libro anterior, ofrecer pequeñas grandes historias que atrapan al lector, al mismo tiempo que le ayudan a mejorar su español.

Cada relato cuenta una **temática diferente**, y están redactados por escritores de renombre y autores con experiencia en la enseñanza de español.

El objetivo de este libro es acercar diferentes textos a aquellos estudiantes interesados en la lectura, al mismo tiempo que realizan **actividades de comprensión lectora** y practican lo que han aprendido. Se han incluido actividades orales por si el profesor quiere llevar el material al aula. Si la lectura es individual, estas actividades se convertirán en actividades de reflexión de texto por parte del estudiante.

En cada uno de los relatos, según la complejidad de los textos, se recomiendan los **niveles** de español a los que va dirigido. Esto no impide que niveles superiores puedan a acceder y disfrutar con la lectura de todos los relatos.

Al mismo tiempo, cuenta con la **grabación** de cada uno de los relatos para aquellos estudiantes que también quieran aprender escuchando el texto a través de voces españolas, favoreciendo así su **comprensión auditiva**.

Ahora, siéntate, elige tu nivel y disfruta de la lectura.

Índice

¿Qué significan estos símbolos?

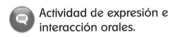 Actividad de expresión e interacción orales.

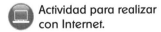 Actividad para realizar con Internet.

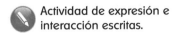 Actividad de expresión e interacción escritas.

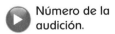 Número de la audición.

I
La comercial de Olot

David Isa de los Santos[*]

 1

[*] (Sevilla, 1977). Licenciado en Filología Hispánica y Máster en Enseñanza de ELE por la UPO. Es autor de diferentes materiales de español y de lengua de signos. Ha sido profesor de Enseñanza Secundaria y actualmente compagina su trabajo de editor con el de profesor de Español.

1. Patricia, la protagonista de este relato, es comercial. ¿Qué hace un comercial?

   a. Lleva la administración de una empresa.

   b. Trabaja vendiendo los productos de una empresa.

   c. Dirige una empresa.

2. La protagonista tiene un coche. Une las siguientes palabras relacionadas con el coche y su definición.

   1. Asiento ●   ● a. Luces de los coches.

   2. Ventanilla ●   ● b. Lugar del coche donde se meten las maletas.

   3. Motor ●   ● c. Comenzar a funcionar.

   4. Arrancar ●   ● d. Máquina que mueve al coche.

   5. Faros ●   ● e. Objeto redondo que gira.

   6. Iluminar ●   ● f. Objeto que sirve para sentarse.

   7. Maletero ●   ● g. Ventana de un coche.

   8. Rueda ●   ● h. Llenar un lugar con luz.

3. En grupos, pensad en otras palabras o expresiones relacionadas con el coche.

4. La protagonista está parada en una carretera con su coche. Habla con tu compañero y haz hipótesis.

   ¿Qué le pasa?

   ¿Por qué está allí?

   ¿A dónde va?

   ¿Por qué va a ese lugar?

5. Antes de leer *La comercial de Olot*, haz una hipótesis sobre el argumento de este relato. ¿Qué crees que va a pasar?

Se despierta rápida de su **desmayo**[1], y no tiene ni idea de dónde se encuentra. Todo está oscuro y no sabe por dónde salir. Se levanta despacio y **se arrastra**[2] por el asiento de atrás de su Citroën ZX. De repente, ve tras la ventanilla del coche un gran cartel que dice: "Bienvenido a Olot". En ese momento, Patricia recuerda su realidad y llora.

***

Son ya las tres de la madrugada. Decido encender el motor del coche, pero no funciona. Reviso todo, pero es imposible **arrancarlo**[3]. Bajo del coche. Hace mucho frío, así que decido coger mi abrigo y me lo pongo. La niebla cubre toda la carretera. No veo nada. Todo está oscuro. La única luz son los faros de mi coche que **iluminan**[4] la carretera. No se oye nada. Decido llamar por teléfono para pedir ayuda. Saco mi móvil del bolsillo del abrigo, pero no tiene señal, así que vuelvo a ponerlo en su lugar. ¡Oh, Dios!, digo mientras golpeo la rueda del coche. Enciendo un cigarrillo y recuerdo las citas que tengo en la ciudad y las oficinas que tengo que visitar al día siguiente en Olot. No puedo llegar tarde. Mi jefe no me lo va a perdonar. Mañana me espera un día bastante estresado, pienso.

Me llamo Patricia y llevo varios meses de comercial en una multinacional dedicada a materiales de oficina. Este viaje es

[1] **Desmayo:** pérdida del sentido y las fuerzas.

[2] **Arrastrarse:** moverse por el suelo o por un lugar.

[3] **Arrancar:** encender el motor y empezar a funcionar.

[4] **Iluminar:** dar luz.

muy importante para mí. Según los últimos cambios en mi trabajo, este es un buen momento para impresionar a mi jefe y cerrar muchos acuerdos en esta zona. Creo que esto es importante para mi carrera profesional.

Tras varios minutos allí, no pasa ningún coche. Creo que voy a tomar el camino que hay tras el cartel y que lleva al pueblo. Seguro que allí hay teléfono para llamar a mi seguro, pienso. Acabo mi cigarro, regreso a mi coche y saco la maleta del maletero. Seguro que hay un largo camino hasta Olot, pero no me importa.

El camino pasa por un bosque. Me impresionan sus árboles, que son muy altos. Parece un lugar terrorífico. Es increíble, pero no tengo miedo. Escucho un **búho**[5] pasar. La luz de mi móvil la uso como **linterna**[6] y así ilumino el camino. Ando varios kilómetros y llego a un pueblo. No puede ser Olot.

Me sorprende este pueblo. Parece abandonado y todas sus casas son viejas. Recorro parte del pueblo y, finalmente, me acerco a una casa de donde sale un poco de luz. Tiene un **cartel**[7], algo viejo, donde puedo leer *Hotel Dosi*. Quizás desde allí puedo llamar por teléfono, pienso.

El hotel es viejo y sucio. Parece abandonado, como las otras casas, pero decido entrar. Abro la puerta del hotel, que hace un ruido increíble. Dentro todo está oscuro. Una pequeña lámpara me permite ver su interior y llego a la recepción. En el **mostrador**[8] hay una foto antigua de una familia. Pueden ser los dueños

---

[5] **Búho:** ave con grandes ojos, que sale por las noches.

[6] **Linterna:** objeto que se coge con una mano y sirve para dar luz.

[7] **Cartel:** señal donde aparece el nombre de un lugar.

[8] **Mostrador:** mesa que hay en las tiendas, hoteles o bares para los clientes.

del hotel. Es una foto extraña. En ese momento oigo la respiración de alguien. **Giro**[9] mi cabeza hacia la derecha y, sentada en un sofá, mirándome, hay una señora. Es una mujer mayor, de unos 75 años. Parece bastante seria y de aspecto extraño. Es la mujer que aparece en la fotografía.

–Buenas noches –me dice con una voz seca.

–Buenas, señora –saludo con miedo–. Perdone, tengo mi coche parado en la carretera y estoy buscando un teléfono. ¿Sabe dónde puedo…?

–No hay ninguno –dice **bruscamente**[10] sin dejarme acabar.

No la entiendo, porque veo que detrás de ella hay un teléfono antiguo, pero que quizás funciona.

–¿Puedo utilizar ese teléfono para llamar?

–Lo siento, en este pueblo no tenemos teléfono.

Sigo sin entender nada.

Después de unos minutos allí, decido esperar a la mañana siguiente y pedir ayuda en el pueblo. Seguro que hay algún **mecánico**[11] cerca.

–¿Tiene alguna habitación? –pregunto con duda.

–Sí, claro. Locker va a ayudarle –me contesta.

–¿Quién?

–El señor Locker. Creo que él te está esperando.

–¿A mí?

–Sí, va a venir pronto.

–No le entiendo. ¿Por qué me espera? –digo en voz baja. Posiblemente es un mecánico, pienso.

–¿Quiere algo de cenar? –dice sin contestar a mi pregunta.

---

[9] **Girar:** mover una parte del cuerpo hacia otro lado.

[10] **Bruscamente:** de una manera rápida.

[11] **Mecánico, a:** persona que repara los coches.

En ese momento tengo duda. Miro la hora y son las tres y media.

–Bueno, la verdad es que me apetece algo.

–Espere en el comedor, por favor. Le voy a llevar algo de comer.

Me acerco al comedor. Es una habitación oscura, con pocas mesas y muy antiguas. Me sorprenden sus viejas cortinas. Están rotas. Me siento tranquilamente para cenar algo. Compruebo mi móvil, pero continúa sin cobertura. En ese momento escucho llorar a un niño. Me parece extraño un niño en ese lugar. Noto que alguien se acerca. Lo observo y es un hombre.

–Buenas noches, ¿esto es para usted?

–Buenas noches. Sí, gracias. –le digo mientras observo la gran **cicatriz**[12] que tiene en su cara–. ¿Hay algún niño en el hotel? –pregunto.

–¿Un niño? En este pueblo no hay niños desde hace años –contesta bruscamente y se va.

Mi cara cambia de expresión. Estoy segura del **llanto**[13] de un niño. En ese momento mi cuerpo siente **escalofrío**[14].

–¿Puede traerme un vaso de agua, por favor? –le digo mientras está saliendo de la habitación.

Después de unos veinte minutos unos pasos se acercan a mi mesa. Es la señora del hotel.

–Aquí tiene su llave. Habitación 13. Está en la segunda planta, al final del pasillo. Tiene que subir por las escaleras, aquí no tenemos ascensor –dice mientras desaparece por la puerta.

---

[12] **Cicatriz:** señal en la cara debido a un accidente.

[13] **Llanto:** lágrimas que salen cuando alguien llora.

[14] **Escalofrío:** sensación de frío, producido por terror.

Observo la llave. Es una llave grande y antigua. Ya no existen este tipo de llaves, pienso. Después de cenar, me levanto de la mesa y me acerco a recepción. Esa señora tan extraña no está. La luz ahora está apagada. Solamente hay unas **velas**[15] que iluminan la escalera. Veo un reloj colgado en la pared. ¿Las doce? Imposible. Está parado, creo. Cojo mi maleta y subo a la habitación. Quedan pocas horas y necesito descansar.

Subo las escaleras. Los **escalones**[16] suenan bastante. Todo parece tranquilo. No se escucha nada, excepto mis pasos. Vuelve a mi mente el llanto del niño. ¿Cómo es posible un niño en ese lugar? El pasillo es largo. Todas las puertas están cerradas, menos una. Es la habitación 12. Está junto a mi habitación. Me acerco a ella. Está todo oscuro. Intento abrir un poco la puerta y en ese momento unos **lobos**[17] **aúllan**[18] fuertemente y se cierra la puerta. Doy un salto hacia atrás y entro rápidamente en mi habitación. Enciendo la luz y cierro la puerta con la llave.

La habitación es muy amplia. Solo una **bombilla**[19] ilumina toda la habitación. Me acerco a la ventana para cerrarla. Es extraño, está abierta. La niebla continúa y no puedo ver nada fuera. La rama de un árbol golpea el cristal y esto me asusta. *El grito*[20] decora mi habitación. Es raro encontrar una obra así en una habitación de hotel. Abro la maleta y cojo mi agenda. Me tumbo en la cama y me quedo dormida.

***

---

[15] **Vela:** objeto largo y redondo para dar luz.

[16] **Escalón:** cada una de las partes de una escalera.

[17] **Lobo:** animal salvaje similar al perro.

[18] **Aullar:** voz que hacen los lobos y perros.

[19] **Bombilla:** aparato redondo para dar luz.

[20] *El grito:* cuadro del pintor noruego Munch donde aparece un hombre gritando de desesperación.

De repente, me despierto. Escucho un ruido extraño en la puerta. Me acerco y unas sombras aparecen por debajo de la puerta. Son perros o algo así. ¡Ah! ¡Son los lobos de la habitación de al lado! Me siento en el sillón, junto a la ventana y enciendo un cigarrillo. No tengo sueño. Miro mi reloj. Son las doce. ¿Las doce? No puede ser. Mi reloj está parado. Estoy confundida. Con esa niebla y sin reloj, no sé qué hora es. Quizás ya es tarde. Así que decido bajar.

Cojo mi abrigo y salgo de la habitación. Bajo las escaleras lentamente. Justo en la primera planta me encuentro con el señor de la cicatriz.

–Perdone, perdone… –le digo, pero no me contesta. Entra en una habitación rápidamente y cierra la puerta.

Me sorprende esa actitud. Continúo bajando y llego a la recepción. No hay nadie. ¿Qué hago ahora?, pienso. Intento abrir la puerta del hotel. No puedo, está cerrada. Vuelvo a tirar y, de repente, escucho las voces de unos jóvenes **riéndose**[21]. Miro alrededor y no veo a nadie. Las risas vienen de la recepción. Me acerco a la puerta que hay detrás del mostrador y las risas paran.

Abro la puerta y entro en una pequeña sala. Un gran escritorio está en el centro de la habitación. En la pared hay fotos antiguas **colgadas**[22]. Son fotos en blanco y negro, iguales a la que está en recepción. Me acerco al escritorio y veo algunos periódicos viejos. Las noticias tienen fotografías de unos jóvenes en un instituto. En otras aparecen todos sonriendo dentro de un autobús. Una noticia llama mi atención. Cojo el periódico y en él aparece una foto de un niño. Es rubio y muy guapo. Junto a él un titular: «Horror en Olot. Unos lobos **matan**[23] a un niño». En ese momento, un cuadro cae al suelo.

---

[21] **Riéndose:** gerundio del verbo *reirse*, mostrar alegría con la boca.
[22] **Colgado, a:** participio del verbo *colgar*, poner en la pared.
[23] **Matar:** quitar la vida.

–¿Quién está ahí? –grita una voz. Y salgo de la sala rápidamente–. ¿Quién está ahí? –insiste.

Intento **tirar**[24] de la puerta para salir del hotel. Tiro fuertemente y, por fin, la abro. Salgo corriendo y caigo al **vacío**[25].

***

Me despierto nerviosa en la cama de mi habitación. Estoy mareada y me duele la cabeza. Todo es un sueño. El sol entra por la ventana. Miro la hora y son las nueve de la mañana. Ahora sí funciona mi reloj, pero en ese momento tengo frío. Después de lavarme la cara, abro la puerta. No hay nadie en el pasillo. Bajo a recepción pero no está la señora. Bueno, voy a desayunar a cualquier otro lugar.

Aunque hace buen día, no hay nadie en las calles. Las calles están vacías y sucias. En una esquina veo un café y decido entrar. El café también está vacío. Una persona está en el mostrador. Me acerco a él y en ese momento se gira. ¡No puede ser! El camarero tiene también una gran cicatriz en su cara.

–Buenos días. ¿Qué quieres? –dice con poca amabilidad.

–Hola, buenos días. Quiero un café, por favor.

Se gira y prepara mi café. Creo que no quiere hablar, especialmente con extraños. Me pone el café y decido hacerle algunas preguntas.

–Perdona, busco al señor Locker.

–¿Al señor Locker? Por favor, vete de aquí.

–¿Cómo? No te entiendo.

–Vete del pueblo inmediatamente. Te lo recomiendo.

–Pero necesito su ayuda. Mi coche está **estropeado**[26]. Desde ayer está parado cerca del pueblo y necesito arreglarlo. Creo

---

[24] **Tirar:** coger con la mano y traer hacia sí.

[25] **Vacío:** lugar donde no hay nada.

[26] **Estropeado, a:** que no funciona.

que el señor Locker puede ayudarme. Eso dice la señora del hotel.

En ese momento su cara cambia. Noto que tiene miedo.

–¿Dónde has dormido? –pregunta sorprendido.

–En el Hotel Dosi. Está al comienzo del pueblo.

–¡¿En ese hotel?! –dice **asustado**[27].

–Sí, ¿qué pasa?

–Nada.

Su cara me dice que ese hotel tiene algo extraño, pero no sé qué es.

–Si quieres, yo puedo ayudarte. Mañana podemos ir juntos en mi coche a otro pueblo.

Su voz tranquila me da confianza, y comenzamos una conversión más relajada. Hablamos de mi trabajo, de mi viaje a Olot, de mi vida en general, de mi pareja... Decido hacerle preguntas para saber más sobre ese pueblo. Sobre ese misterioso pueblo.

–¿Por qué no hay mucha gente en este pueblo? ¿Qué pasa?

–Es que no es un pueblo muy visitado. No suelen venir muchos turistas.

–La verdad es que estoy aquí por casualidad. Mi intención no es conocerlo. ¿Cuánta gente vive aquí?

–Poca gente desde la **explosión**[28].

–¿Qué explosión?

En ese momento se va y trae un periódico. Es igual que los periódicos que hay en el hotel.

–Toma y lee –me dice.

---

[27] **Asustado, a:** que tiene miedo.

[28] **Explosión:** que algo se destruye rápidamente seguido de un fuerte ruido.

Relatos 2

Cojo el periódico y leo:

UNA EXPLOSIÓN EN LA MINA MATA A 200 PERSONAS EN OLOT

Pocas personas del pueblo **sobreviven**[29]. La mayoría se va del pueblo para siempre. La policía dice que todavía hay más de veinte personas **desaparecidas**[30].

–Muy pocos sobrevivimos y nos quedamos –dice el camarero un poco triste.

Eso me deja paralizada. Su voz suena rotunda. No sé qué preguntarle más sobre la explosión, así que decido cambiar de tema.
–Me alojo en ese hotel. ¿Por qué te sorprende?

Tarda en contestar, pero finalmente contesta:
–Hay muchas historias sobre ese hotel. El hijo del dueño de ese hotel **murió**[31] trágicamente devorado por los lobos. Hace ya 40 años. Desde entonces ese hotel está marcado por la tragedia.
–¿Y sus padres?
–En un **psiquiátrico**[32]. Pero dicen que el fantasma del niño y de los lobos todavía están en el hotel. Ese extraño matrimonio compra el hotel unos años después.
–Es terrible –digo sorprendida.
–Sí, es horrible. Varios años después, un grupo de estudiantes de un pueblo cercano viene de excursión a la montaña y se alojan aquí. Nadie sabe cómo, pero el hotel se incendia. Nadie conoce las causas del incendio. Ningún estudiante **se salva**[33].

---

[29] **Sobrevivir:** salvarse de un accidente.

[30] **Desaparecido, a:** que no está o no se encuentra.

[31] **Murió:** pasado del verbo *morir*, dejar de vivir.

[32] **Psiquiátrico:** hospital para enfermos mentales.

[33] **Salvarse:** evitar un peligro.

Dicen que los fantasmas de los jóvenes aún continúan en ese hotel.

–¿Y los dueños del hotel?

–Se salvan misteriosamente.

–¡Qué extraño! –digo.

–Actualmente no vienen muchos clientes, excepto algún conductor perdido que pasa la noche allí para continuar su viaje al día siguiente. Pero todos salen de allí con miedo.

Después de esta charla, miro el reloj. De nuevo está parado.

–¿Qué hora es?

–Son las dos de la tarde.

Me sorprende su respuesta. Llevo allí más de dos horas. ¡Cómo pasa el tiempo! Me despido y regreso al hotel. Me tumbo en la cama y me quedo dormida.

***

Me despierto nerviosa otra vez. Son las 9 de la noche. Miro por la ventana. La niebla cubre todo. Decido salir del hotel para cenar algo. No me apetece cenar otra vez en este hotel. Bajo las escaleras y voy a la recepción. La señora no está. Quiero hablar con ella y preguntarle dónde está el señor Locker.

-¿Perdone? ¿Señora? ¿Hay alguien ahí? –digo varias veces en el mostrador.

Nadie contesta. Todo está oscuro. Hace frío y la puerta de la calle está abierta. Decido entrar en la sala que hay detrás del mostrador y ver si el sueño es real. En mi sueño hay fotos y noticias de periódicos en el escritorio.

Entro en la sala y me quedo paralizada. Mi sueño es realidad. Siento escalofrío en mi cuerpo y tengo miedo. Enciendo la luz de la sala y veo la pared llena de fotos y varios periódicos en el escritorio. Todo es igual a mi sueño. Todo está allí.

HORROR EN OLOT, UNOS LOBOS MATAN A UN NIÑO

Carlos, un niño de 8 años, hijo de los dueños de un hotel, muere atacado por unos lobos. La policía busca a los lobos. Nadie del pueblo sabe dónde están. Están investigando la muerte. De momento el caso está abierto.

INCENDIO[34] MORTAL PARA 18 ESTUDIANTES

Estudiantes de la Escuela Santo Imago van de excursión a la montaña y pasan el fin de semana en Olot. El hotel donde se alojan se incendia misteriosamente y mueren todos los estudiantes. Nadie se salva, excepto los dueños del hotel, que nos cuentan esta historia. Las causas del incendio no están claras.

Veo las fotos que están en la pared. En todas aparece un niño rubio y muy guapo. Creo que es él, Carlos. En algunas está acompañada con unos señores y en otras con la dueña del hotel. Estas noticias me dicen que es verdad la historia del camarero del café.

Una noticia me sorprende y llama mi atención. Voy a leerla pero, de repente, escucho el llanto de una mujer. Cojo la noticia y la meto en mi bolsillo. Salgo de aquella habitación rápidamente y apago la luz. El sonido viene de las habitaciones. Después de unos minutos el sonido para. Me voy de la recepción y salgo del hotel. Corro por aquellas calles vacías. Necesito encontrar al señor Locker.

Camino por la calles sin saber qué hacer. El pueblo está vacío. No sé qué puedo hacer en ese lugar. Noto la presencia de

---

[34] **Incendio:** fuego grande que destruye un lugar.

algo. No sé qué puede ser. Mis pasos me guían hacía las afueras del pueblo. Las casas cada vez son más viejas. Es un lugar extraño. De repente, llego a una **verja**[35]. Intento abrirla, pero está cerrada. La niebla me impide ver qué hay detrás. Miro hacia arriba y puedo leer *Cementerio*[36]. Entro en el cementerio. Allí todas las tumbas están destruidas. La vegetación cubre todo. Mis pasos son lentos por aquel lugar. Evito algunas **tumbas**[37] para no caer. De repente, tropiezo con una cruz y caigo en una tumba. Mi cuerpo cae a un lugar oscuro. Me duele el brazo por la caída. De repente escucho un aviso: «Nunca te voy a dejar», me dicen. Giro la cabeza y encuentro una **calavera**[38]. La calavera me mira y grito.

Empiezo a correr buscando la salida. No entiendo por qué estoy en ese lugar. Por fin consigo salir de esa tumba y corro de regreso a la salida. Pero vuelvo a caer. Estoy de rodillas encima de una tumba. Quito las hojas que la cubren y leo: Locker Smith (1875-1924). No entiendo nada, ¡el señor Locker está muerto! Y, en ese momento, me desmayo.

---

[35] **Verja:** puerta de hierro.
[36] **Cementerio:** lugar donde están las personas muertas.
[37] **Tumba:** lugar donde está enterrado un cuerpo.
[38] **Calavera:** huesos de la cabeza de una persona muerta.

DURANTE LA LECTURA

1. Contesta verdadero (V) o falso (F).

		V	F

a. Patricia se despierta en el asiento delantero. .... ☐ ☐

b. El coche está parado en la carretera cerca de Olot. .... ☐ ☐

c. No puede llamar por teléfono porque no tiene batería. .... ☐ ☐

d. A Patricia le preocupan las citas de trabajo que tiene al día siguiente. ☐ ☐

e. Patricia es comercial es una multinacional dedicada a materiales de oficina. .... ☐ ☐

f. Olot es el pueblo donde Patricia tiene citas de trabajo. .... ☐ ☐

g. Desde el coche al pueblo tiene que pasar por un bosque. .... ☐ ☐

h. El pueblo parece abandonado y todas sus casa son viejas. .... ☐ ☐

i. Al entrar en el hotel, la señora está detrás del mostrador. .... ☐ ☐

j. En el comedor escucha aullar a unos lobos. .... ☐ ☐

k. El señor que le trae la comida al comedor tiene grandes arrugas. .... ☐ ☐

l. En la habitación 12 escucha el aullido de unos lobos. .... ☐ ☐

m. La habitación es grande y no está decorada. .... ☐ ☐

n. En la habitación que hay detrás de recepción encuentra fotos antiguas y noticias de periódicos. .... ☐ ☐

ñ. El camarero del bar tiene una gran cicatriz. .... ☐ ☐

o. El camarero se asusta cuando le dice que está en el Hotel Dosi. ... ☐ ☐

2. ¿Por qué crees que el señor Locker la está buscando? Habla con tu compañero.

3. Escribe la noticia sobre este titular.

> **Una comercial visita Olot y tiene extrañas experiencias**

Me despierto en la habitación. Todo es un sueño, pienso. Aquella frase **retumba**[39] en mi cabeza: "Nunca te voy a dejar". Me levanto y busco mis zapatos. Están debajo de la cama. Cuando los voy a coger, escucho que el cristal de la ventana se rompe. Hay cristales en toda la habitación. Me acerco a la ventana para ver qué pasa. No hay nadie fuera. En ese momento me giro y veo detrás de mí un niño con **sangre**[40] y cristales en la cara. Empiezo a gritar. Pero su dulce voz me tranquiliza:

–Hola.

–¿Quién... e..eres? –digo.

–Ayúdame. No te voy a dejar. Ellos vienen.

–¿Quiénes vienen?

–Los lobos.

En ese momento escucho a los lobos tras la puerta. No sé qué hacer. Estoy inmóvil. Voy a la puerta y el ruido se para. Al mirar atrás, el niño ya no está allí.

Salgo de mi habitación y corro por las escaleras. Ahora escucho las risas de los estudiantes. El sonido se hace más fuerte. Continúo bajando. En la primera planta veo un grupo de jóvenes jugando en el pasillo. Están hablando y gritando. De repente, me miran, se quedan parados y desaparecen. Todo el ruido para y solo hay silencio.

Mi cabeza parece que va a **estallar**[41]. No puedo más. Continúo bajando rápidamente las escaleras y me paro en el último

---

[39] **Retumbar:** sonar algo muy fuerte.

[40] **Sangre:** líquido rojo del cuerpo.

[41] **Estallar:** destruir algo de repente.

escalón. Allí está ella, la dueña del hotel acompañada por otra persona.

–Buenas noches –me dice ella.

–Buenas noches, señora –le digo con voz temblorosa.

Tengo miedo. Tengo miedo de esta señora y de este lugar. La dueña del hotel está allí parada y con un aspecto muy serio.

–Señorita, aquí le presento al señor Locker.

–Encantado –me dice ese señor con aspecto **fantasmal**[42]. Es alto y delgado. Lleva una chaqueta larga y negra. Su cara es pálida y llena de **arrugas**[43]–. Te estoy buscando. Acompáñame.

Subo a mi habitación y cojo mi maleta. Mi **estancia**[44] en el pueblo está a punto de terminar. Bajo de nuevo a la recepción y, sin decir nada, decido ir tras él. Salimos por la puerta del hotel. Antes de salir, me giro y miro a la dueña del hotel que en ese momento me dice:

–Nos vamos a ver –dice tranquilamente–. Nadie escapa de Olot.

Mientras camino junto a él por el pueblo, le digo:

–Necesito su ayuda. Mi coche está parado en la carretera. Tengo que repararlo. Me están esperando y tengo muchas citas. Mi empresa necesita llegar a esos acuerdos. Mi jefe me va a matar…

–Calla, por favor –me dice enfadado–. No es esa la ayuda que puedo darte.

Al girar una calle me encuentro al camarero del café, que me mira con miedo y con cara de preocupación.

---

[42] **Fantasmal:** tiene aspecto de fantasma.

[43] **Arruga:** señal de la cara, debido a la edad.

[44] **Estancia:** periodo de tiempo en un lugar.

–Me tienes preocupado. Hace dos semanas que no te veo. **Huye**[45], por favor –me **susurra**[46] al oído.

¿Dos semanas? Solo llevo un día en ese pueblo. ¿Por qué tengo que huir?

–El señor Locker me va a ayudar y voy a salir de allí. Hasta siempre –le digo.

Me alejo de él y sigo junto al señor Locker. No hablamos nada. Entramos en unas calles que parecen un **laberinto**[47]. Son calles estrechas y oscuras. El señor parece conocer el pueblo y sabe adónde va. Entramos en un **callejón**[48] oscuro.

–Este es un buen lugar, ven.

Le sigo hasta el final del callejón.

–¿Qué hacemos aquí? –pregunto asustada.

–Aquí traigo a mis víctimas.

–¿Cómo? ¿Qué víctimas?

–No lo entiendes. Tú eres mi próxima víctima.

Antes de darme cuenta, me apoya contra la pared y pone sus **colmillos**[49] en mi cuello mientras su mano aprieta mi boca.

***

Me despierto en el coche. El señor Locker está a mi lado. Se acerca a mí y me dice al oído:

–Nunca te voy a dejar –me dice–. Ahora vas a vivir para siempre con nosotros y «nunca te voy a dejar».

---

[45] **Huir:** escapar de un lugar.
[46] **Susurrar:** decir algo al oído con un tono muy bajo.
[47] **Laberinto:** lugar lleno de calles y de donde es difícil encontrar la salida.
[48] **Callejón:** calle muy estrecha.
[49] **Colmillo:** dientes afilados que están a cada lado de la boca.

Arranco el coche y ahora funciona. Baja del coche y se va. Le doy las gracias por su ayuda.

Llevo dos horas conduciendo. No encuentro ninguna señal. Creo que estoy perdida. De repente, el coche se para. Tengo miedo otra vez. Siento escalofrío. Allí, delante de mí, aparece de nuevo el cartel que dice «Bienvenido a Olot». Estoy nerviosa. Un cigarrillo puede tranquilizarme. Busco en el bolsillo del abrigo y toco un papel. Es la noticia del hotel. La cojo y la empiezo a leer.

TERRIBLE ACCIDENTE DE COCHE EN OLOT

Una comercial desaparece en un trágico accidente en la carretera A-24, dirección Olot. Encuentran su coche abandonado cerca del pueblo, y ninguna señal de ella. Nadie conoce las causas de su desaparición. La policía busca su **rastro**[50] durante tres semanas y, finalmente, termina la investigación sin ningún resultado.

***

Desde entonces mi vida es diferente. Todas las noches, el señor Locker y yo salimos a **cazar**[51] nuevas víctimas. Ahora comprendo esta nueva vida. Este pueblo solo existe en mi mente y tampoco existo yo.

---

[50] **Rastro:** señal o huella que queda de algo.
[51] **Cazar:** seguir a un animal para matarlo.

DESPUÉS DE LA LECTURA

1.  **Después de leer la historia, contesta a estas preguntas.**

    a. ¿Por qué crees que Patricia escucha la frase "Nunca te voy a dejar"? ¿Qué significa?

    b. ¿Qué dice el camarero cuando ve a Patricia con el señor Locker? ¿Por qué?

    c. ¿Quién es realmente el señor Locker?

    d. ¿Crees que existe realmente ese pueblo? ¿Por qué?

    e. ¿Cuándo se da cuenta Patricia de lo que está ocurriendo?

2. **Lee las siguientes descripciones y relaciónalas con la persona correspondiente.**

1 La señora del hotel   **2** El camarero del café   **3** El señor Locker

    a. Es amable con ella.
    b. Es seria.
    c. Lleva una chaqueta larga y negra.
    d. Tiene 75 años.
    e. Tiene un aspecto extraño.
    f. Su cara es pálida.
    g. Es alto y delgado.
    h. Tiene muchas arrugas.
    i. Tiene una gran cicatriz.

3. **Con toda la información que tienes, describe...**

    a. el Hotel Dosi. ....

    ....

    b. el pueblo. ....

    ....

    c. a la señora del hotel. ....

    ....

    d. al señor Locker. ....

    ....

4. Completa las frases con las palabras del recuadro.

> iluminan ● colgadas ● aúllan ● mostrador ● estallar ● escalofrío ●
> estropeado ● estancia ● desmayo

a. Se despierta rápida de su ....

b. La única luz son los faros de mi coche que .... la carretera.

c. En el .... hay una foto antigua de una familia.

d. En ese momento mi cuerpo siente ....

e. Intento abrir un poco la puerta y en ese momento unos lobos ....
.... fuertemente.

f. En la pared hay fotos antiguas ....

g. Mi coche está ....

h. Mi cabeza parece que va a ....

i. Mi .... en el pueblo está a punto de terminar.

5. Después de leer la historia. Habla con tu compañero.

• ¿Te gustan las historias de terror o intriga? ¿Por qué?

• ¿Lees historias como estas frecuentemente?

• ¿Qué tipo de historias te gusta leer?

• ¿Qué te ha sorprendido de esta historia?

6. ¿Qué crees que pasa al final de la historia? Escribe otro final.

Claves

ANTES DE LA LECTURA

1. b.

2. 1. f; **2.** g; **3.** d; **4.** c; **5.** a; **6.** h; **7.** b; **8.** e.

DURANTE LA LECTURA

1. a. F (En el asiento de atrás); **b.** V; **c.** F (No tiene cobertura); **d.** V; **e.** V; **f.** F (Es otro pueblo. No aparece); **g.** V; **h.** V; **i.** F (Está a la derecha en un sofá); **j.** F (Llora un niño); **k.** F (Una gran cicatriz); **l.** V; **m.** F (Tiene *El grito*); **n.** V; **ñ.** V; **o.** V.

DESPUÉS DE LA LECTURA

1. a. Que siempre va a estar junto a él, porque se va a convertir en un vampiro como él; **b.** *Huye, por favor.* Sabe que va a convertirla en una vampira; **c.** Es un vampiro; **d.** No, es un pueblo fantasmal, es un pueblo donde solo vive gente que está muerta o son vampiros; **e.** Cuando no puede salir del pueblo con el coche. Todo vuelve a ese pueblo.

2. 1. b, d, e; **2.** a, i; **3.** c, f, g, h.

4. a. desmayo; **b.** iluminan; **c.** mostrador; **d.** escalofrío; **e.** aúllan; **f.** colgadas; **g.** estropeado; **h.** estallar; **i.** estancia.

II
El verano del mundial

Javier Alcántara Pedrajas*

 2

* (Córdoba, 1972). Licenciado en Psicopedagogía y Máster en Enseñanza de ELE. Desde el año 2003 vive en Alemania. Actualmente trabaja como docente de español para la Universidad de Múnich. También es profesor de Español de los Negocios para diferentes universidades privadas alemanas.

1. La historia que vas a leer se desarrolla en Córdoba. ¿Qué sabes de esta ciudad? Señala verdadero (V) o falso (F).

	V	F
a. Córdoba está situada en el sur de España.	☐	☐
b. En Córdoba está la mezquita más grande de Europa.	☐	☐
c. La Mezquita es la actual Catedral cristiana de Córdoba.	☐	☐
d. En Córdoba hay playa.	☐	☐
e. En verano la temperatura puede superar los 40 grados.	☐	☐

2. En la historia que vas a leer aparece mucho vocabulario relacionado con el fútbol. Relaciona las palabras siguientes con su definición.

1. Árbitro ●

2. Portero ●

3. Delantero ●

4. Chutar ●

5. Mundial ●

6. Prórroga ●

● **a.** Período extra de 30 minutos que se juega cuando el partido llega empatado al final.

● **b.** Disparar a portería.

● **c.** Campeonato que se juega cada 4 años con los mejores equipos de todos los continentes.

● **d.** Jugador atacante, su misión es meter goles.

● **e.** Persona que aplica el reglamento en las competiciones deportivas.

● **f.** Jugador que generalmente lleva el número 1. Es el encargado de defender la portería.

3. La historia transcurre durante el Mundial de fútbol de 2010. ¿Qué sabes de la historia de los mundiales?

	¿Dónde se celebró?	Finalistas	Ganador	Participación de España	Participación de tu país
2010					
2006					
2002					
1998					

4. ¿Te gusta el fútbol? ¿Qué opinas de este deporte? ¿Cómo es el ambiente en tu país durante el mundial? Y tú, ¿cómo vives el mundial?

No eran todavía las 10 de la mañana, pero el termómetro ya marcaba casi 30 grados. Andrea caminaba por el centro histórico de Córdoba. Llevaba un mapa de la ciudad pero no era fácil orientarse por ese laberinto de calles estrechas. Los comerciantes abrían sus pequeñas tiendas y las terrazas de los bares se llenaban de gente que tomaba el desayuno: algunos eran turistas pero también había muchos cordobeses.

«Tiene que ser por aquí», pensaba mientras miraba otra vez su mapa y la dirección que le dieron en la escuela de idiomas. Andrea estaba en Córdoba porque quería perfeccionar su español. Poco después encontró por fin el bar que estaba buscando, entró y preguntó al camarero:

–¿Puedo hablar con el señor Manuel Leyva?

–¿Con el padre o con el hijo?

–No sé, con el propietario del bar.

–¡Manolo! Esta chica pregunta por tu padre –el camarero llamó a un chico que estaba detrás de la barra y que poco después apareció acompañado de un señor un poco gordo y con bigote: era **Lolo**[1] el dueño del bar.

–Vengo por la habitación –dijo Andrea–. Ustedes alquilan una, ¿verdad?

–Sí, puedes verla ahora mismo si quieres; nosotros vivimos aquí arriba. En realidad no solemos alquilar habitaciones –le contó Lolo a Andrea mientras subían–. Esto no es una pensión. Lo que pasa es que ahora con **la crisis**[2], mi mujer piensa que no

---

[1] **Lolo:** forma breve, junto con Manolo, del nombre español Manuel. En España es frecuente que los padres y sus hijos tengan el mismo nombre.

[2] **La crisis:** crisis económica a nivel mundial que se inició en el 2008 y que afecta especialmente a España.

nos viene mal un poco de dinero extra y aquí tenemos mucho espacio. Mira, esta es la habitación.

–Me gusta mucho. Me la quedo; es perfecta para mí. En la escuela me han dado este formulario.

–Lo podemos rellenar en el bar si quieres. ¡Oye! ¿No te duele eso que tienes ahí? –preguntó Lolo señalando un *piercing* que Andrea llevaba en la nariz.

–No, claro que no. ¿Por qué lo dice?

–Por nada, si a ti te gusta. Y por favor, puedes llamarme de tú. Yo soy Lolo.

En el bar, además de Matías el camarero y Manolo, el hijo de Lolo, había otro chico que acababa de llegar. Tenía el pelo largo y moreno y llevaba una bolsa de las que se usan para transportar un ordenador portátil.

–Este es Ricardo, mi otro hijo –dijo Lolo–. Al mayor, Manolo, ya lo conoces.

–¿Has desayunado? –preguntó Manolo desde detrás de la barra.

–No, todavía no. Eso que están tomando ellos es aceite de oliva, ¿verdad? –preguntó Andrea señalando la mesa de unos clientes que estaban desayunando.

–Sí, tostadas con aceite.

–¡Aceite de oliva para desayunar! –comentó Andrea con cara de sorpresa.

–Sí, aquí la mayoría lo toma. Está muy rico y además es muy sano. Lo tienes que probar.

–No es obligatorio; puedes tomar otra cosa si quieres –intervino Ricardo.

–Bueno... la verdad... mejor otro día. ¿No hay mantequilla y mermelada?

–Claro que sí –contestó Manolo–. ¿Y qué quieres beber?

–Un café con leche.

–¡Una tostada entera! –gritó Manolo por una ventana que

daba a la cocina–. Pero la próxima vez tienes que tomarlas con aceite –le dijo a Andrea mientras le preparaba el café.

–La próxima vez.

–Andrea Hoffmann es tu nombre, ¿verdad? Eres alemana, ¿no? –preguntó Lolo que estaba rellenando el formulario en una mesa junto a la barra del bar. Dejó las gafas que utilizaba para leer sobre la mesa, se levantó y le dio la mano a Andrea–. *Guten Tag, ich heiße Lolo*[3].

–¿Hablas alemán? –preguntó Andrea muy sorprendida.

–Solo un poco. Ya se me ha olvidado casi todo. Yo trabajé cinco años en una fábrica cerca de Hannover; mi hijo mayor nació allí; en Alemania ahorramos el dinero para poner este bar.

–Y tú, ¿hablas alemán? –le preguntó Andrea a Manolo.

–¿Yo? Ni una palabra. Tenía un año cuando nos volvimos a España. Solo hablo español y además mal. –Todos se rieron.

–¡Enhorabuena! Alemania ha empezado muy bien el Mundial– dijo Matías, el camarero. Se estaba disputando el campeonato mundial de fútbol de Sudáfrica 2010.

–Gracias, es una sorpresa, porque tenemos un equipo muy joven.

–No es ninguna sorpresa –intervino Lolo–. Los alemanes son siempre favoritos para ganar un mundial.

–Es cierto que a menudo llegamos a la semifinal o a la final, pero también es verdad que a veces no jugamos muy bien.

–Lo importante en un mundial son los resultados; y los alemanes tienen mentalidad de ganador: Beckenbauer, Rummenigge, Klinsmann... todos ellos grandes campeones. –El que hablaba era Pepe, uno de los mejores clientes del bar. Pepe era funcionario; trabajaba para la Junta de Andalucía, pero pasaba más tiempo en el bar que en la oficina: desayunaba, tomaba el aperitivo y a veces también se quedaba a comer un menú. A menudo hacía una pausa y se bajaba al bar para tomar un café;

---

[3] **Guten Tag, ich heiße Lolo:** *Buenas tardes, me llamo Lolo* (en alemán).

durante el mundial, las pausas de Pepe se alargaban más de lo habitual, porque se quedaba viendo y comentando los partidos.

A veces incluso llamaban al teléfono del bar y preguntaban por Pepe para tratar asuntos de la oficina, por eso Manolo le llamaba en broma «mi jefe» y Pepe a Manolo «mi secretario».

–Sí, pero esta vez vamos a ganar nosotros –dijo César, otro de los habituales del bar. César era albañil, pero debido a **la crisis de la construcción**[4] **estaba en el paro**[5]; así que se pasaba casi todo el día en el bar, «mirando los anuncios de trabajo», decía él; pero en realidad estaba casi siempre leyendo la prensa deportiva. Cesar mostró a los otros la **portada**[6] del diario *Marca*[7]. El **titular**[8] del periódico decía: «Nos vamos a **merendar**[9] a los suizos». En la portada se podía ver un dibujo de un toro, que simbolizaba a España, y que estaba comiéndose una tableta de chocolate suizo.

–Siempre lo mismo –comentó Lolo–, antes del Mundial somos los mejores y todos están convencidos de que vamos a ganar, y al final, como siempre, nos vamos para casa en cuartos de final.

–Pero España es la actual campeona de Europa –comentó Andrea.

–Sí, pero esto es el mundial. Un campeonato del mundo es diferente. Y además, ¿cómo vamos a ganar dos veces consecutivas? ¡Imposible! Yo llevo viendo los mundiales desde hace cua-

---

[4] **La crisis de la construcción:** la crisis del 2008 afectó especialmente en España al sector de la construcción y provocó una bajada del precio de la vivienda y el cierre de muchas empresas inmobiliarias.

[5] **Estar en el paro:** estar sin trabajo.

[6] **Portada:** primera página de un periódico o una revista.

[7] *Marca*: periódico deportivo español; uno de los más populares y vendidos de toda la prensa española.

[8] **Titular:** títulos de un periódico o una revista que están escritos con letras de mayor tamaño.

[9] **Merendar:** tomar la merienda (comida rápida y ligera que se hace por la tarde entre el almuerzo y la cena).

renta años y he vivido ya tantas decepciones. En los momentos importantes los españoles **no dan la talla**[10]; no tenemos mentalidad de ganador; al final siempre ganan los alemanes.

–Las cosas han cambiado –dijo Ricardo–. Esta es una nueva generación de futbolistas que están acostumbrados a ganar todo desde muy jóvenes: Xavi, Iniesta, Villa, Casillas... Estos jugadores tienen mentalidad de campeón. Y no solo en el fútbol, España tiene grandes deportistas que son los mejores de su especialidad: Rafa Nadal, en tenis; Fernando Alonso, campeón de Formula 1; Pau Gasol, campeón de la liga NBA de baloncesto en Estados Unidos...

–Esos son juegos de niños –interrumpió Lolo–. Esto es un mundial de fútbol, y en el fútbol la historia también es importante. A la hora de la verdad nos falta la mentalidad de ganador que tienen los alemanes o los italianos. La historia de nuestra selección es la de los grandes errores; como el gol que falló Cardeñosa en el mundial de Argentina del 78. ¿Os acordáis?

–Si queréis, podemos verlo ahora; tengo aquí el ordenador –dijo Ricardo. Sacó su portátil de la bolsa, lo encendió, fue a la página de *Youtube* y escribió en el buscador: «Gol fallado Cardeñosa». En la pantalla apareció un futbolista vestido con la camiseta roja de la selección española, pero un modelo mucho más antiguo y pasado de moda. El *look* de los futbolistas era también de los años 70.

–¡Qué **pinta**[11]! !Qué pantalones tan estrechos! –comentó Pepe–. ¡Y el pelo! ¿Habéis visto los bigotes y las **patillas**[12]?

En el vídeo, un error del portero dejó a un futbolista de la selección española prácticamente solo y muy cerca de la portería,

---

[10] **No dar la talla:** no estar a la altura de la situación.

[11] **Pinta:** aspecto o apariencia de una persona.

[12] **Patilla:** parte de la barba que se deja crecer a ambos lados de la cara.

pero inexplicablemente chutó justo en la dirección en la que se encontraba uno de los defensas.

–¡Nooo! –gritó César muy enfadado– ¡Es imposible fallar ese gol!

–Tranquilo César –bromeó Manolo–, que te va a dar un infarto. Es solo un vídeo: pasó hace ya mucho tiempo.

–Y hay otros muchos errores. Pon el de Zubizarreta en el mundial de Francia –dijo Lolo.

–Y el de Julio Salinas en el mundial del 94 –añadió Pepe.

Durante un buen rato estuvieron viendo vídeos en *Youtube* de los errores de la selección española. A Andrea toda la situación le parecía muy divertida, porque acababa de conocer a esos hombres y poco después estaba allí con ellos riéndose y viendo vídeos de fútbol en Internet.

–Y tú, ¿dónde vas a ver el partido de hoy? –le preguntó Lolo a Andrea.

–No lo sé, no tengo todavía ningún plan.

–Entonces lo ves aquí con nosotros en el bar. Ricardo te acompaña ahora mismo y te ayuda a traer tus maletas.

El equipaje de Andrea estaba en el **albergue juvenil**[13], que también se encontraba en el centro histórico de Córdoba, el barrio conocido como la Judería. Eran poco más de las doce y la temperatura era ya de casi 40 grados.

–Tu padre me ha dicho que el bar no va ahora muy bien –comentó Andrea.

–¿No muy bien? ¡Va fatal! Con la crisis la gente no tiene mucho dinero, así que prefiere tomarse la tapa y la cerveza en casa. Ahora con el mundial la cosa va un poco mejor, porque muchos vienen al bar a ver los partidos, pero no sé qué va a pasar después. Además, antes del mundial, mi padre se ha gastado **un montón**[14]

[13] **Albergue juvenil:** establecimiento hotelero donde se alojan jóvenes.
[14] **Un montón:** mucho (en el lenguaje coloquial).

de dinero en comprar una televisión con pantalla gigante, porque decía que así iba a venir más gente a ver los partidos.

–Pero en esta zona hay también muchos turistas.

–Sí, pero nuestro bar es demasiado tradicional, la decoración muy sencilla y la carta no está escrita en inglés; por eso a la mayoría de extranjeros no les parece atractivo. Además hay mucha competencia.

–Sí, ya he visto que hay varias pizzerías y también muchos restaurantes donde se venden hamburguesas.

–Y eso no es lo peor. También hay muchos bares que no son para nada auténticos; como la cadena de bares Las Tapitas. Allí sirven lo que la mayoría de los turistas esperan: paella, sangría, gazpacho... Todo muy caro y de muy mala calidad; pero curiosamente siempre está lleno.

Cuando tenían ya las maletas e iban de vuelta al bar, se encontraron con una chica. Era Marta, una amiga de Ricardo; miró a Andrea de arriba abajo, pero no la saludó. Ricardo y Marta estuvieron charlando durante algunos minutos, que a Andrea le parecieron una eternidad: no entendía casi nada de lo que decían, porque hablaban muy bajo y muy rápido. Marta le contó a Ricardo que venía de estudiar en la biblioteca. Cuando se despidieron, Ricardo se pasó varios minutos sin decir nada.

–Tu amiga va muy elegante para estudiar en la biblioteca – comentó Andrea, a la que no se le ocurría otra cosa para evitar el incómodo silencio.

–Muchas chicas aquí en Córdoba son así: se visten cada día como para ir a una fiesta.

–¿Y qué estudia?

–Ha estudiado Derecho, como yo. Acabamos de terminar la carrera, pero ahora ella está preparando unas **oposiciones**[15].

–Y tú, ¿qué quieres hacer?

---

[15] **Oposición:** procedimiento de selección que consiste en una serie de exámenes.

–No lo sé, no tengo ni idea. Mis padres quieren que me prepare también unas oposiciones, pero yo no lo tengo nada claro. A mí lo que de verdad me gusta es cocinar.

–¡Cocinar! Pero eso **no tiene nada que ver**[16] con las leyes.

–Ya lo sé, pero es lo que de verdad me interesa. Cuando el bar está cerrado, me gusta meterme en la cocina y experimentar con nuevas recetas; a mis amigos les encantan. Cuando he encontrado una buena receta, le saco fotos y la publico en mi *blog*.

–¡Qué raro! Un chico joven que quiere dedicarse a cocinar.

–No es tan raro. Hay cada vez más jóvenes que se interesan por la cocina. Seguro que tiene que ver con el éxito actual de la gastronomía española. Hay muchos cocineros españoles de fama internacional; como por ejemplo Ferrán Adrià: su restaurante El Bulli está considerado como uno de los mejores del mundo. Aunque a mí, el cocinero que más me gusta es Cristobal Ramos; es un chef muy bueno que combina la cocina tradicional española con la gastronomía moderna; ahora se ha hecho muy popular porque tiene un programa de televisión que se llama «Chef al rescate». Es un *reality show* en el que aconseja a propietarios de bares y restaurantes, gente normal, y les ayuda a alcanzar el éxito.

***

El partido España-Suiza empezaba a las cuatro de la tarde. Aunque era la hora de la siesta, el bar estaba casi lleno para la ocasión. Fuera hacía mucho calor, pero en el interior del bar, con el aire acondicionado, la temperatura era agradable.

–Y en tu país, ¿va la gente también a los bares para ver los partidos? –le preguntó Manolo a Andrea que estaba sentada junto a la barra.

–Sí claro, hay siempre mucho ambiente durante el mundial. Y no solo en los bares, como es verano y hace buen tiempo, hay

---

[16] **No tener que ver:** no tener relación.

muchas pantallas gigantes por la calle y la gente se reúne también allí para ver los partidos. Lo llaman *public viewing*.

–*Public viewing* –repitió Manolo con una pronunciación bastante deficiente que hizo sonreír a Andrea–. Pero eso es inglés, ¿no?

–Sí, no sé por qué, pero lo llaman así.

Faltaba muy poco para el comienzo del partido y el bar estaba ya muy animado. Había una sensación generalizada de optimismo: esta vez casi todos estaban convencidos de que España iba a llegar lejos en el mundial.

–¡Baja el volumen de la tele! –le gritó Pepe a Manolo–. No se puede ni hablar con el ruido de esas trompetas.

–Se llaman *vuvucelas* –dijo Ricardo–. Al parecer son muy populares en Sudáfrica.

Comenzó a sonar el himno de España. Todos se volvieron hacia la televisión, donde se podía ver el rostro serio y concentrado de cada uno de los jugadores españoles.

–¿Por qué no cantan? –preguntó Andrea.

–Es que el himno español no tiene letra –respondió Manolo desde detrás de la barra.

–Sí, claro que tiene –dijo Lolo y empezó a cantar–. ¡Viva España, alzad los brazos hijos del pueblo español, que vuelve a resurgir...!

–Por favor papá –le interrumpió Ricardo–. Ese es el texto de la época de **Franco**[17].

Comenzó el partido por fin. España empezó jugando bien pero no conseguía crear ocasiones de gol. En el minuto 52 de la segunda parte, los suizos, aprovechando una de sus pocas oportunidades, marcaron un gol. El bar se quedó casi en silencio durante unos segundos y poco después, la euforia inicial se transformó en una gran tensión: durante el resto del partido España

---

[17] **Franco:** dictador que gobernó España durante casi 40 años hasta su muerte en 1975.

intentó marcar; tenían casi todo el tiempo el control del balón, pero no disponían apenas de ocasiones.

–¡Basta ya de tanto tiki taka! –dijo César–. Si no se crean ocasiones es imposible marcar un gol.

–¿Titicaca? –preguntó Andrea sorprendida.

–¡Ja, ja! –se rio Ricardo–. No, eso es el lago. Tiki taka es como los periodistas llaman al estilo de juego de la selección. Consiste en pasarse mucho la pelota: tiki taka tiki taka... –repitió mientras movía las manos de un lado al otro.

El árbitro **pitó**[18] el final del partido. Se confirmaba la sorpresa: España, una de las principales favoritas para la prensa internacional, perdía 1 a 0 contra Suiza, un equipo considerado modesto. Después del partido la discusión se prolongó durante mucho tiempo en la barra del bar. Las opiniones estaban divididas. Andrea escuchaba los comentarios con atención pero no entendía todo, porque se expresaban con un vocabulario muy raro procedente del mundo del fútbol: «La culpa es de **del Bosque**[19], no se puede jugar con un **doble pivote**[20]»; «Lo mejor es un 4-4-2»; «No, arriba necesitamos un **tridente**[21]»...

–El problema es que en este país hay más de 40 millones de entrenadores –dijo Lolo–. Esta vez no pasamos ni de la primera fase.

Después del partido, Andrea salió a tomar unas copas con los hijos de Lolo y sus amigos. Se lo pasó muy bien. Se rieron mucho; sobre todo hasta que se encontraron con Marta, la amiga de Ricardo, porque a partir de entonces él estuvo muy raro el resto de la noche.

---

[18] **Pitar:** tomar distintas decisiones en un partido haciendo sonar el silbato.

[19] **Vicente del Bosque:** entrenador de la selección española en el mundial del 2010. También entrenó al Real Madrid.

[20] **Doble pivote:** vocabulario procedente del fútbol. Táctica que consiste en jugar con dos jugadores defensivos en el centro del campo.

[21] **Tridente:** vocabulario procedente del fútbol. Táctica que consiste en jugar con tres puntas: tres jugadores ofensivos.

1. ¿Cómo crees que continúa la historia? ¿Qué va a pasar?

El bar de Lolo...
....

Ricardo y Marta...
....

Ricardo y Andrea..
....

Las oposiciones..
....

La selección española de fútbol...
....

2. ¿Conoces el himno de España? Busca en Internet y escucha la melodía. ¿Qué te parece? ¿Es muy diferente al de tu país? Según tu opinión, ¿qué país tiene el himno con la mejor música?

3. El himno de España no tiene letra. ¿Conoces el texto del himno de tu país? ¿Qué palabras se repiten?

4. De las siguientes palabras, ¿cuáles crees que deberían aparecer en el himno de España? ¿Qué palabras crees que definen mejor España y cuáles no? ¿Qué palabras te parecen adecuadas para un himno y cuáles no?

> sol • mar • pasión • nieve • calor • lluvia • alegría • música
> nubes • rojo • verde • amarillo • montañas • toro • gazpacho
> paella • Europa • América • moderno • tradicional
> playa • Rey • pueblo • lluvia • guitarra • sangría • fútbol
> flamenco • corazón • vida • nación • patria • libertad
> democracia • paz • justicia • frío

A la mañana siguiente, Andrea se despertó en su nueva habitación, miró el reloj: eran más de las doce. Le dolía la cabeza: «Ayer bebí demasiados **cubatas**[22] y yo no estoy acostumbrada», pensó mientras se duchaba. Después de la ducha, seguía teniendo **resaca**[23]. Bajó al bar, pero no vio a nadie. Pasó a la cocina y allí se encontró con una mujer vestida con un **delantal**[24] que se acercó a ella sonriendo:

–Por fin te conozco, guapa. Yo soy Concha, la mujer de Lolo –dijo mientras saludaba a Andrea con dos besos muy sonoros–. ¿Te encuentras a gusto en nuestra casa? Pero… ¿qué te pasa? Tienes **mala cara**[25]. ¿Estás enferma?

–No, no pasa nada. Es que ayer después del partido salimos a dar una vuelta y nos acostamos tarde.

–¡Ay estos chicos! –Concha miró con **cara de pocos amigos**[26] a Ricardo que acababa de entrar también en la cocina.

–Buenos días –saludó Ricardo con voz muy **ronca**[27].

–¡Qué voz! Menos mal que precisamente estoy haciendo gazpacho, que es **mano de santo**[28] para la resaca –dijo Concha.

–¡Gazpacho para la resaca! –comentó Andrea sorprendida.

–Mi madre tiene razón –dijo Ricardo–. Es por el tomate, el vinagre y el ajo; que ayudan a eliminar el alcohol y a recuperarse.

–Siempre he querido aprender cómo se hace el gazpacho

---

[22] **Cubata:** lengua coloquial. Un cubalibre (bebida con ron y refresco de cola). También se le llama habitualmente a cualquier cóctel.

[23] **Resaca:** malestar que se siente al día siguiente si se ha bebido mucho alcohol.

[24] **Delantal:** prenda de vestir que se usa para cocinar y no mancharse.

[25] **Tener mala cara:** tener aspecto de estar enfermo o muy cansado.

[26] **Cara de pocos amigos:** cara de enfado.

[27] **Ronco:** dicho de la voz, aspero y poco sonoro.

[28] **Ser mano de santo:** ser un remedio muy bueno, casi milagroso.

–dijo Andrea mientras observaba los movimientos de Concha en la cocina–. ¿Qué ingredientes lleva?

–No existe una única receta del gazpacho –contestó Concha, alzando mucho la voz, porque estaba utilizando al mismo tiempo la **batidora**[29]–. En cada casa se hace de una manera distinta. A nosotros nos gusta con mucho pan y poco ajo.

–¿El gazpacho lleva pan? –preguntó Andrea con cara de sorpresa.

–Claro que sí. Es el ingrediente más importante, aunque Ricardo lo prepara de forma diferente: sin pan. No sé qué le echa pero le sale riquísimo. Él lo llama gazpacho *light.* Mi Ricardo cocina muy bien: ya desde muy pequeño estaba siempre metido aquí conmigo en la cocina jugando con las **ollas y las sartenes**[30].

–Pensábamos que era un poco **afeminado**[31] y que solo le gustaba jugar a cosas de niñas –dijo Lolo que acababa de entrar en la cocina.

–Pero eso no tiene nada que ver –comentó Andrea–. La mayoría de chefs famosos son hombres.

–Sí claro, los famosos, porque a los hombres lo que les gusta es presumir –comentó Concha–, pero luego son las mujeres las que cocinan cada día en casa. Además, cuando los hombres terminan de cocinar siempre **dejan todo por medio**[32] y luego tiene que venir la mujer a limpiar.

Lolo llevaba una carta en la mano. Cuando terminó de leerla, se quedó callado durante algunos segundos:

–Son los del banco. No nos dan el crédito, y sin ese dinero no vamos a poder seguir como hasta ahora. Tenemos que hablar

---

[29] **Batidora:** instrumento de cocina que sirve para triturar y mezclar alimentos.

[30] **Olla y sartén:** instrumentos de cocina. La olla se utiliza generalmente para hervir alimentos; la sartén para freír alimentos.

[31] **Afeminado:** hombre que en su modo de hablar y actuar se parece a las mujeres.

[32] **Dejar todo por medio:** dejar todo desordenado.

con Matías y su mujer; van a tener que buscarse otro trabajo porque nosotros ya no podemos pagarles.

–Pero con esta crisis es imposible encontrar otro trabajo –dijo Concha–. ¿Qué van a hacer? Llevan media vida con nosotros.

–Precisamente yo quería hablar con vosotros de esto –intervino Ricardo–. Tengo muchas ideas para **sacar el bar adelante**[33]...

–Esto no es asunto tuyo –le interrumpió Lolo–. Tú lo que tienes que hacer es ponerte a estudiar las oposiciones.

–Pero Manolo trabaja aquí en el bar con vosotros. Yo también quiero ayudar y...

–Manolo no ha querido estudiar –intervino Concha–. Tú no has ido a la universidad para trabajar igual que nosotros en un bar. Nosotros no tuvimos la oportunidad de estudiar y tú sí...

Ricardo ya no quiso escuchar más y salió de la cocina **dando un portazo**[34]. Sabía que en estas discusiones con sus padres sobraban los argumentos; ambos parecían estar siempre completamente de acuerdo sobre los detalles de su futuro y esto le provocaba una gran frustación: «¿Cómo pueden saber qué es lo mejor para mí si nunca me han preguntado?».

***

Dos semanas después de haber llegado al bar de los Leyva, Andrea se sentía muy contenta de cómo le iban las cosas. Conocía a muchos españoles y tenía la oportunidad de practicar español casi todo el tiempo (la mayoría de sus compañeros de la escuela de idiomas solo tenían contacto con extranjeros). Salía mucho por la noche con sus nuevos amigos y también iban a menudo a la piscina. Se entendía sobre todo muy bien con Ricardo. Él le estaba enseñando a cocinar. Andrea pensaba que era un cocinero fabuloso: combinaba las recetas tradicionales de la cocina española con ingredientes y **especias**[35] de otros países, y la pre-

---

[33] **Sacar algo adelante:** salir de una situación difícil.

[34] **Dar un portazo:** cerrar una puerta de forma violenta.

[35] **Especia:** sustancia vegetal aromática que sirve para dar sabor a las comidas. Por ejemplo: orégano, pimienta, etc.

sentación de los platos era muy original y divertida: Ricardo era un artista montando los platos. Como Andrea tenía una buena cámara y le gustaba la fotografía, se encargaba de hacer las fotos para el *blog* de Ricardo. Pasaban mucho tiempo juntos. No estaba segura, pero creía que Ricardo le gustaba: «Lo malo –pensaba Andrea– es que esa Marta parece estar siempre por todos lados; y además siempre aparece en el momento más inoportuno. Ayer mismo se presentó en la piscina vestida con ese bikini rosa...». Andrea no la soportaba; le parecía que siempre quería llamar la atención: «A lo mejor es que estoy celosa», pensaba. Además siempre que Marta aparecía, Ricardo estaba muy raro, se quedaba como ausente: parecía ejercer una influencia muy fuerte sobre él. En una ocasión apareció en el bar justo cuando los dos estaban cocinando y entró en la cocina sin avisar. No saludó a Andrea, como era su costumbre y de forma intencionada habló muy rápido y bajo, por eso Andrea no pudo entender todo lo que decían, pero le pareció que hablaban de las oposiciones: Marta pensaba que iban a salir muchas plazas y que Ricardo cometía un grave error no preparándose para el examen. Decía que estaba perdiendo una oportunidad única. En un momento le pareció que Marta hablaba también de ella y creyó entender algo acerca de su manera de vestir, su *piercing* y su corte de pelo.

Ricardo y Andrea fueron a visitar la **Mezquita**[36]. Estuvieron mucho tiempo paseando entre los impresionantes arcos de color rojo. Se sentía muy a gusto charlando con él. Ricardo le contó un montón de cosas de la Mezquita; conocía muchas historias porque Lolo, que era un apasionado de la historia y las tradiciones de Córdoba, se las contaba desde pequeño. También hablaron del bar: la situación no mejoraba y Andrea se sentía impotente porque no podía hacer nada para ayudar.

---

[36] **Mezquita-catedral de Córdoba:** antigua mezquita islámica y actual catedral cristiana. Declarado Patrimonio Cultural de la Humanidad.

Después de visitar la Mezquita, Ricardo y Andrea volvieron al bar. Se encontraron con Pepe y César que estaban tomando la **caña**[37] del aperitivo en la barra. Andrea y Ricardo pidieron también una cerveza.

–A ti hoy no te pongo nada –le dijo Manolo en broma a Andrea.

–Eso es, al enemigo ni agua –añadió Pepe. Continuaba disputándose el mundial, y después del mal comienzo, España estaba en semifinales. Era un éxito sin precedentes; y por la noche jugaba precisamente contra Alemania.

–Hoy ganamos seguro –comentó César, que había recuperado su habitual optimismo–. Y no lo digo yo, lo dice un pulpo alemán –Y señaló la edición del día del periódico Marca.

–¿Un pulpo? –preguntó extrañado Ricardo.

–Es el pulpo Paul –aclaró Andrea–. Es muy famoso en mi país porque ya ha acertado el resultado de muchos partidos.

–¿Y cómo lo hace? Los pulpos no saben hablar –preguntó Manolo.

–Muy fácil. Meten en el acuario las banderas de los dos equipos que juegan y Paul tiene que decidirse por una. Hasta ahora siempre ha elegido la del equipo ganador.

–Pues esta vez dice claramente que España gana –dijo César.

–¡Qué graciosos estos alemanes! –dijo Lolo, que acababa de bajar al bar–. Aquí los pulpos nos los comemos **a la gallega**[38]. ¿Y qué te ha parecido la Mezquita? –le preguntó a Andrea.

–¡Impresionante! Me ha sorprendido sobre todo la **iglesia cristiana**[39] que hay en el interior.

---

[37] **Caña:** vaso pequeño de cerveza de aproximadamente 25 cl.

[38] **A la gallega**: manera tradicional de cocinar el pulpo en la región de Galicia. Es una tapa muy popular en toda España.

[39] **Iglesia cristiana**: en el interior de la antigua mezquita islámica se construyó una gran capilla cristiana cuyas obras principales se terminaron en el siglo XVI. Es la actual Catedral de Córdoba.

–¿Sabes lo que dijo el emperador **Carlos V**[40] cuando la vio por primera vez?: «Habéis destruido lo que era único y habéis puesto en su lugar lo que se puede ver en todas partes».

–Lolo, deja en paz a la pobre Andrea con tus historias –dijo Concha saliendo de la cocina–. Ha llegado esta carta para ti.

–Dame, seguro que son más facturas... No entiendo nada –dijo Lolo con cara de sorpresa después de leer la carta–. Aquí dice que va a venir mañana un equipo de televisión para rodar un programa de «Chef al rescate» con Cristobal Ramos.

–No me miréis así –dijo Ricardo–, que yo no he hecho nada.

–He sido yo –dijo Andrea–. Quería ayudar, pero no sabía cómo hacerlo, así que...

–Pues ahora mismo hay que llamar para anularlo. Lolo Leyva no necesita a nadie en su negocio para decirle cómo se tienen que hacer las cosas.

–No es el momento de ser tan orgulloso –dijo Concha mirando muy fijamente a su marido–. Si ese señor Ramos puede ayudarnos a salir de esta situación, yo estoy dispuesta a escucharlo. Está en juego la subsistencia de esta familia y también la de otras personas que dependen de este negocio.

Lolo no dijo nada más; sabía muy bien que, cuando su mujer lo miraba de esa forma, era mejor tomarla muy en serio.

Por la noche, Andrea vivió un momento muy difícil: tuvo que ver el partido entre Alemania y España en un bar **abarrotado**[41] de españoles. Ocupó su lugar habitual junto a la barra y charló un poco con Manolo y Ricardo antes del partido:

–¿Cuál es tu jugador español preferido? –le preguntó Andrea a Ricardo.

–El que más me gusta es Xavi; es el cerebro del equipo...

---

[40] **Carlos de Austria o Habsburgo**: fue Rey de España con el nombre de Carlos I y emperador del Imperio romano germánico con el nombre de Carlos V.

[41] **Abarrotado:** muy lleno.

–El mejor es Casillas, el portero –le interrumpió Manolo– ya nos ha salvado muchas veces en los momentos críticos.

–Casillas es ese que tiene esa novia morena tan guapa, ¿verdad? –preguntó Andrea.

–Se llama Sara Carbonero y es una periodista deportiva; trabaja para la televisión. Es muy curioso porque en algunas ocasiones ha tenido que entrevistar a su novio y ambos aparentan que no se conocen y hablan solo de fútbol.

–¡Qué profesional! No sé si yo podría disimular así.

España jugó un muy buen partido, le ganó a Alemania y pasó a la final. Andrea estaba triste pero también se alegraba por sus nuevos amigos. Al final muchos de los clientes del bar se acercaron para interesarse por ella y animarla: «Ahora vas con España, ¿verdad?», le preguntaron también muchos.

***

–Una caña de cerveza y un pincho de tortilla por favor –Manolo levantó la cabeza y **se frotó los ojos**[42] para comprobar que no estaba soñando. Tenía un poco de resaca porque después del partido salió a celebrarlo hasta muy tarde. No se lo podía creer; el señor que le acababa de pedir la cerveza y la tapa era el famoso cocinero de la tele, Cristobal Ramos, que venía además acompañado de dos cámaras y varios miembros del equipo de grabación del programa. Cuando Ramos probó la tortilla, le dijo a Manolo que quería hablar con el cocinero.

–La cocinera es mi madre –dijo Manolo–. Voy a buscarla.

–Señora –le dijo Cristobal Ramos a Concha–, no sé todavía lo que no funciona en este bar, pero le aseguro que el problema no puede ser la cocina: esta tortilla está riquísima.

El chef pasó el resto del día examinando con detalle todos los aspectos del bar: la decoración, la carta, el servicio, la limpieza...

---

[42] **Frotarse los ojos**: pasarse varias veces las manos por los ojos.

Hizo muchas preguntas a todos los trabajadores y también quiso examinar los libros de cuentas. Lolo se resistía al principio a colaborar, pero una de las miradas de su mujer le hizo cambiar inmediatamente de actitud. Ramos se dio incluso una vuelta por el barrio para observar la situación de los locales de la competencia. Al volver al bar Andrea le estaba esperando y le ofreció una bandeja con tapas variadas.

–¡Qué buena pinta! –comentó el chef– ¡Uhmm! Esto es sensacional, doña Concha, es lo mejor que he probado en mucho tiempo. Estas creaciones están a la altura de lo que se sirve en muchos restaurantes de primera categoría.

–No lo hecho yo –dijo Concha, mirando a Ricardo, porque comprendió al instante quién era el autor de las tapas.

–¿Lo has hecho tú? –le preguntó Ramos a Ricardo–. Es exquisito y la presentación de los platos es extraordinaria. ¿Qué es esto exactamente?

–Son pastelitos de berenjena, **morcilla**[43] y albahaca –contestó Ricardo que estaba tan sorprendido como los demás porque no tenía ni idea de los planes de Andrea.

–Mi hijo cocina muy bien –dijo Concha–. Desde pequeño me ha ayudado muchas veces en la cocina.

–Señora, con todo el respeto –dijo Ramos–. Sé que es un tema delicado, pero si tengo que dar mi opinión sincera, creo que a partir de hoy esa situación debe cambiar y que es usted la que debe ayudar a su hijo en la cocina. Usted es una excelente cocinera, pero lo que acabo de probar es único.

–Igual que lo que dijo Carlos V sobre la Mezquita –comentó Lolo sonriendo.

–Pero mi hijo no es cocinero –dijo Concha–. Él tiene estudios, es licenciado en Derecho.

–Eso está muy bien –dijo Ramos–. Yo comencé las carreras de Matemáticas y de Filosofía, pero no terminé ninguna de ellas.

---

[43] **Morcilla:** embutido preparado con sangre cocida, cebolla y especias.

Además no le va a venir mal saber de leyes. Por lo que he visto en los libros de cuentas, hay un montón de cosas que se deben hacer de otra forma para poder salvar este bar.

–Tú misma dijiste que teníamos que escuchar a este señor –le dijo Lolo a su mujer–. Ha llegado el momento en el que los jóvenes tienen que **tomar el relevo**[44].

–¿Te sientes capacitado para dar este paso? –le preguntó Ramos a Ricardo, que después de permanecer en silencio durante unos segundos, dijo que sí haciendo un gesto con la cabeza.

–Con un cocinero de primera, este local necesita un aspecto de primera. Hay que cambiar muchas cosas. Lo primero que hay que quitar es eso –dijo Ramos señalando la tele.

–¡La pantalla gigante! –se lamentó Lolo–. Pero si todavía ni la hemos pagado.

–¿Y dónde vamos a ver la final? –dijo Pepe.

–En la plaza de las Tendillas, jefe, con un montón de gente –dijo Manolo–. ¿No sabes qué es el *public viewing*?

***

El día de la final, todos fueron a la plaza para ver el partido. Por todos lados se veían camisetas y banderas rojas; el ambiente era fantástico. Se rieron mucho cuando vieron a un grupo de aficionados que **iban disfrazados**[45] del pulpo Paul.

Manolo, como otros muchos, llevaba una *vuvucela* de plástico que hacía sonar muy cerca de Pepe para molestarle. Pepe estaba de muy mal humor porque era la primera vez en mucho tiempo que veía un partido en un sitio diferente al bar de Lolo.

El partido comenzó muy difícil para España. Los holandeses, con un juego muy duro, trataban de destruir la creatividad de los centrocampistas españoles. Apenas había ocasiones para los dos equipos. El sufrimiento se alargó todavía más porque el partido

---

[44] **Tomar el relevo:** continuar con la actividad que hasta ese momento ha estado realizando otra persona.

[45] **Ir disfrazado, a:** ir vestido de máscara.

llegó a la prórroga sin goles. En la prolongación, Arjen Robben, el atacante más peligroso de los holandeses, se quedó dos veces solo delante de Iker Casillas, pero el portero español salvó en dos ocasiones a su equipo.

–**Menos mal**[46] que tenemos a San Iker –dijo Manolo.

Cuando todos pensaban que los penaltis eran inevitables, y después de una jugada muy larga, el balón le llegó a Andrés Iniesta, uno de los jugadores con más talento de la selección española; ni siquiera Lolo tuvo tiempo de acordarse de Cardeñosa y del resto de los goles fallados de la historia de la selección española, porque en menos de un segundo Iniesta mandó el balón a la red. ¡Gooooool! España era la campeona del mundo. Después del partido la alegría era inmensa. Todos permanecían en la plaza viendo en la pantalla las imágenes de las celebraciones de los jugadores españoles. Iker Casillas fue entrevistado por su novia, la periodista deportiva, pero no pudo contener la alegría y le dio un beso delante de las cámaras. El público lo celebró casi con la misma emoción que el gol de Iniesta.

Lolo estaba como loco y corría sin parar de un lado a otro:

–¡Lo sabía, lo sabía! –gritaba– ¡Sabía que íbamos a ganar!

Todos se besaban y abrazaban, pero justo cuando Andrea se abrazó a Ricardo, alguien lo llamó tocándole en la espalda; era Marta que iba vestida con la camiseta roja de la selección española.

–Enhorabuena, Ricardo... No lo digo solo por el mundial, es que me han dicho que vas a salir en la tele.

Pero Ricardo ya no la escuchaba. Se dio la vuelta y besó a Andrea en la boca. Marta desapareció indignada entre la masa de aficionados españoles.

–¿Habéis visto la cara de Marta? Se ha puesto más roja que la camiseta de España –dijo Manolo–. ¡Eso es un beso hermanito! Mucho mejor que el de Iker Casillas.

---

[46] **Menos mal:** afortunadamente.

1. Señala si las siguientes afirmaciones son verdaderas (V) o falsas (F). En caso de ser falso explica por qué.

V   F

a. Lolo piensa que España no va a ganar el Mundial. Sin embargo, piensa que Alemania es una de las favoritas. .... ☐ ☐

b. El bar de Lolo está afectado por la crisis económica y por eso cada vez tiene menos clientes. .... ☐ ☐

c. Durante el mundial van menos clientes al bar porque se quedan en casa viendo los partidos. .... ☐ ☐

d. Los jugadores de la selección española no cantan porque el himno de España no tiene letra. .... ☐ ☐

e. Andrea escribe al programa de televisión «Chef al rescate» porque quiere ayudar a la familia Leyva. .... ☐ ☐

f. Los padres de Ricardo y también Marta piensan que lo mejor para el futuro de Ricardo es preparar unas oposiciones. .... ☐ ☐

g. Ricardo no tiene la formación necesaria como cocinero y por eso Concha y Lolo piensan que no está suficientemente cualificado para trabajar en su bar. .... ☐ ☐

h. Lolo no quiere aceptar al principio la ayuda del famoso chef Cristobal Ramos, pero al final cambia de opinión y acepta su consejo de que Ricardo debe ser el cocinero. .... ☐ ☐

i. Cristobal Ramos piensa que el bar no va bien porque la cocina de doña Concha no tiene la suficiente calidad. .... ☐ ☐

j. Ricardo y Andrea planean juntos ofrecer las tapas a Cristobal Ramos. .... ☐ ☐

2. Recuerdas algún éxito importante de la historia de la selección de tu país? ¿Cuándo fue? ¿Dónde viste el partido? ¿Con quién?

3. Sustituye las palabras marcadas en negrita por las expresiones del cuadro.

> mala cara ● con cara de pocos amigos ● en el paro ● pinta ●
> unas oposiciones ● cubatas ● mano de santo ● un montón de

a. ¡Qué **aspecto**! ¡Qué pantalones tan estrechos!

b. Antes del mundial, mi padre se ha gastado **mucho** dinero en comprar una televisión con pantalla gigante.

c. Estoy haciendo gazpacho, que es **un remedio casi milagroso** para la resaca.

d. Ella está preparando **un proceso de selección de varios exámenes**.

e. César era albañil, pero debido a la crisis de la construcción estaba **sin trabajo**.

f. Ayer bebí demasiados **cócteles** y yo no estoy acostumbrada.

g. ¡Ay estos chicos! −Concha miró **un poco enfadada** a Ricardo que acababa de entrar también en la cocina.

h. Pero... ¿qué te pasa? Tienes **mal aspecto**. ¿Estás enferma?

4. Andrea viajó a España con la idea de hacer tan solo un curso de español; pero durante su estancia en Córdoba pasaron muchas cosas que podrían cambiar la vida de los personajes de esta historia. ¿Qué crees que va a pasar después?

El bar con Ricardo de cocinero ....
....
....

Ricardo y Andrea ....
....
....

Marta y sus oposiciones ....
....
....

Andrea y España ....
....
....

La selección española de fútbol..
....
....

Claves

ANTES DE LA LECTURA

1. **a.** verdadero; **b.** verdadero; **c.** verdadero; **d.** falso; **e.** verdadero.

2. 1. e; 2. f; 3. d; 4. b; 5. c; 6. a

3.

	¿Dónde se celebró?	Finalistas	Ganador	Participación de España	Participación de tu país
2010	Sudáfrica	Holanda España	España	Campeón	
2006	Alemania	Italia Francia	Italia	Octavos de final	
2002	Corea y Japón	Alemania Brasil	Brasil	Cuartos de final	
1998	Francia	Francia Brasil	Francia	Primera fase	

DESPUÉS DE LA LECTURA

1. **a.** verdadero; **b.** verdadero; **c.** falso; **d.** verdadero; **e.** verdadero; **f.** verdadero; **g.** falso; **h.** verdadero; **i.** falso; **j.** falso.

2. **a.** pinta; **b.** un montón de; **c.** mano de santo; **d.** unas oposiciones; **e.** en el paro; **f.** cubatas; **g.** con cara de pocos amigos; **h.** mala cara.

III

Lucía tiene luces

Patricia Sáez Garcerán* y Georges Charmet **

 3

*Licenciada en Filología Hispánica y DEA en Lengua y Lingüística General por la Universidad de Murcia. Máster en Lingüística Aplicada a la Enseñanza del E/LE por la Universidad Antonio de Nebrija. Trabaja como profesora colaboradora en el Instituto Cervantes de Lyon.

**Licenciado en Filología Francesa y Máster en Literatura francesa por la Universidad de Lyon 2. Dedicado a lo largo de casi cuarenta años a la enseñanza de niños con deficiencia intelectual.

1. El título de la lectura es *Lucía tiene luces*. ¿Sabes la procedencia del nombre de Lucía? ¿Conoces su significado? Habla con tu compañero.

2. Lucía fue una santa. Se la representa llevando en la mano izquierda la palma de la victoria, símbolo del martirio, y en la derecha los ojos que le fueron arrancados. Aquí te presentamos una imagen de ella.
¿De qué puede ser patrona esta virgen?
Justifica tu respuesta.

3. En español hay muchas expresiones en las que se utiliza la palabra *luz*. Una de las expresiones es la que da título a la lectura: *tener luces*. ¿Conoces el significado de estas expresiones? Relaciona las expresiones con su significado.

1. Tener pocas/muchas luces
2. Dar a luz
3. Salir a la luz
4. A todas luces
5. Ver la luz
6. Sacar a la luz
7. Traje de luces
8. A primera luz

- **a.** Ser producida.
- **b.** Al amanecer.
- **c.** Por todas partes/de todos modos.
- **d.** Ropa que llevan los toreros en las corridas.
- **e.** Parir.
- **f.** Descubrir, manifestar, hacer patente algo.
- **g.** No ser muy inteligente/ser muy inteligente.
- **h.** Nacer.

4. *Lucía tiene luces* es una historia detectivesca. En tu opinión, ¿qué características debe tener un buen detective? Escribe cuatro adjetivos.

a. .... b. .... c. .... d. ....

5. ¿Conoces el nombre de los detectives más famosos de la literatura? Cita al menos tres nombres.

6. Lucía es la protagonista de nuestra lectura. Es detective privada y vive en Madrid. ¿Cómo te la imaginas?

En su despacho de la **Gran Vía**[1] podía leerse: *"Detective privada, cobertura nacional, investigación en todas las áreas"*.

–**Vamos al grano**[2] –dijo Lucía–. En las páginas amarillas, hay más de treinta agencias de detectives privados en Madrid. ¿Por qué me ha elegido a mí?

–No la he elegido yo sino mi cliente, soy abogado. Lo que estoy intentando decirle es un poco raro. Lo sabrá usted, para ejercer nuestra profesión, hay que tener en cuenta las debilidades del ser humano.

–Puesto que somos humanos, pero… nos estamos alejando del tema. Vuelva al caso, por favor –dijo Lucía.

–El señor García –empezó diciendo el abogado– está jubilado y no cobra casi nada de **pensión**[3]. Por suerte recibió de sus padres una casa cerca de Madrid, una casa con jardín rodeada de muros. Para sobrevivir hizo un **huerto**[4] para poder comer. Ahora está en la **cárcel**[5].

–¿Para qué ha venido a verme? Es demasiado tarde, ¿no? –preguntó con ironía Lucía.

–Soy abogado desde hace muy poco tiempo, y todavía soy un poco ingenuo, como dicen mis compañeros de trabajo.

–Antes de seguir, tiene que decirme por qué su cliente está detenido –preguntó con decisión Lucía.

---

[1] **Gran Vía:** una de las calles más céntricas de Madrid.

[2] **Ir al grano:** ir a lo importante.

[3] **Pensión:** dinero que recibe una persona jubilada.

[4] **Huerto:** tierra donde se plantan verduras y árboles.

[5] **Cárcel:** lugar donde se encierra a los prisioneros.

–Ha sido acusado de haber asesinado a un hombre para robarle –respondió el abogado.

–¿Nada más? –respondió irónica, Lucía.

–Entiendo perfectamente su ironía, pero es inocente, o dice serlo –dijo el abogado.

–**A otro perro con ese hueso**[6], eso lo dicen todas las personas que están en la cárcel. ¿Cuántos se acusan de un delito? –replicó Lucía.

–Ha sido engañado. No sé cómo, pero lo sé. Mientras estamos hablando él está sufriendo, pero también está esperando su ayuda. Los policías no hicieron bien las investigaciones –dijo con seriedad el abogado.

–Eso no me extraña mucho. Pero, para tomar una decisión, necesito algo más que su sentido juvenil de la justicia. Tiene que exponerme el caso de su cliente.

–Si quiere, puede preguntárselo a él mismo.

–¿En la cárcel? –preguntó sorprendida Lucía.

–Soy su abogado y tengo derecho a visitarlo. Estoy seguro de que mi cliente conmoverá a una persona como usted a quién la justicia le importa tanto.

–Siempre que me **alaban**[7], nunca me pagan –reflexionó Lucía en voz baja.

–Me temo que no. El señor García no le pagará –contestó el abogado.

–Su sinceridad acaba de convencerme. Iré a preguntarle a su cliente.

–Una última cosa. El señor García tiene un modo de expresarse un poco particular. **Chasquea**[8] la lengua antes de empezar a hablar, y eso es a veces irritante. Da la impresión de que

---

[6] **A otro perro con ese hueso:** expresión que se utiliza para expresar que no se acepta lo que alguien está diciendo.

[7] **Alabar:** decir palabras bonitas a alguien.

[8] **Chasquear:** hacer ruidos generalmente con la lengua.

reflexiona antes de contestar. Da la impresión de que se está **burlando**[9] de la persona con quién habla. Creo que fue decisivo para la policía, pero mi cliente es un hombre simple que no sería capaz de elaborar una estrategia semejante.

De vuelta a su piso, Lucía sintió que tenía que animarse. *«¡Anímate!... mejor, ¡cálmate! Estás demasiado nerviosa*, se dijo a sí misma».* Lucía suspiró profundamente. *«¡Despierta Lucía!, ¡despiértate!, la vida no es un cuento de hadas, no hay sapos que se transforman en príncipes. El señor García es pobre y ciertamente culpable, no te pagará, tampoco te traerá clientes, pero esta vez no van a engañarte, tienes que ser firme, si no te pagan, no trabajas».* Y creyendo haber tomado una decisión inquebrantable, puso por cuadragésima séptima vez el DVD de ***El Halcón maltés***[10]. Quería ser el **Humphrey Bogart**[11] femenino. Lucía era una excelente detective pero, ¿qué pasaría con el caso del señor García?

***

Un **bulto**[12] gris e impreciso esperaba a Lucía y al abogado. Era el señor García, un hombre de pelo blanco, **arrugas**[13] profundas y hombros caídos.

–¡Tch! Le agradezco mucho haber venido, señora, y…

–He venido pero aún no he aceptado su caso, y llámeme Lucía, por favor –le interrumpió con frialdad Lucía.

–¡Tch! Es un nombre tan bonito. Yo soy un hombre de pocas luces, muy poco original. Incluso mi apellido es el más común en España. Pero me había acostumbrado a mi condición humilde hasta esta pesadilla. Entonces, cuando mi abogado me habló de usted, una detective llamada Lucía... Soy un poco

---

[9] **Burlarse:** reírse de alguien.

[10] **El Halcón Maltés:** película estadounidense de 1941, basada en la novela homónima del escritor Dashiell Hammett.

[11] **Humphrey Bogart:** actor estadounidense de cine y de teatro.

[12] **Bulto:** volumen de algo.

[13] **Arruga:** pliegue de la ropa o de la piel.

supersticioso. Creo en los horóscopos, las cartas del Tarot de las videntes, el significado de los nombres. Sé que Lucía viene del latín *lux, lucis,* lo he leído muchas veces, es decir, la luz, y la luz es lo que echo de menos en mi **celda**[14] oscura. Además, es usted una mujer hermosísima.

–¿Y qué tiene que ver esto con el asunto? –dijo Lucía cortando secamente al señor García.

–Más de lo que está pensando, Lucía, si me permite llamarla así –contestó el abogado–. El inspector encargado del caso es un bruto que asusta a los testigos, creo que no ha buscado al verdadero culpable, le ha detenido a él porque era lo más fácil.

–¡Tch! Lo ha dicho muy bien el señor abogado…

–¡Silencio!

Los dos hombres se callaron al instante. A Lucía, estos dos idiotas le empezaban a **tocar las narices**[15]. Uno, el payaso triste lloraba su superstición, y el otro, con sus palabras dulces, intentaba seducirla y utilizarla. Lucía se sentía un juguete.

Estaba cansada de esos dos niños pidiendo ayuda. A lo mejor, era el aire irrespirable de la cárcel el que la incomodaba. Lucía no podía más y rompió el silencio diciendo:

–No he venido a hacerle una visita de cortesía. O me dicen, de una vez, por qué estoy aquí, o me marcho –respondió Lucía con enfado.

Los dos hombres **pusieron caras largas**[16]. Estaban desarrollando un plan. Sin embargo, con su **amenaza**[17] Lucía les impedía seguir adelante. El señor García, desconcertado, con una mirada suplicante, pedía ayuda al abogado. El abogado se atrevió a decir:

---

[14] **Celda:** habitaciones de las cárceles.
[15] **Tocar las narices:** molestar.
[16] **Poner caras largas:** poner cara de estar enfadado.
[17] **Amenaza:** intimidar a alguien.

–¡No se marche! Mi cliente y yo le pedimos ayuda para sacarle de la cárcel.

–¡Muy gracioso! Me ha dicho que ha sido detenido por crimen y robo. Supongo que este señor se considera inocente. ¿Hay pruebas?

–La policía ha encontrado al señor García al lado del muerto en la habitación de este, en una casa aislada con ventanas y puertas cerradas. Han encontrado en el jardín la pistola con la que fue asesinado, y billetes de su dinero robado.

–¡Perfecto! Todo está claro. Adiós –dijo Lucía marchándose.

Un guardia le estaba abriendo la puerta a Lucía. Lucía se volvió al escuchar un ruido. Era el ruido de un cuerpo que en ese momento se caía al suelo.

–¡Tch! Por favor, es usted mi único, mi último recurso. Soy inocente, lo juro, quizás ingenuo, ingenuo y tonto, pero no soy capaz de matar a nadie. Si se marcha usted, me moriré en la cárcel, **ahorcado**[18] con mis propias sábanas.

Lucía volvió a maldecir su sensibilidad, que era solo debilidad.

–Bueno, empecemos por el principio. Siéntese y cuando recobre el sentido, me contará todo de manera ordenada –dijo Lucía con un tono de voz que sonó a una orden.

El señor García se había tranquilizado un poquito pero aún le temblaban las manos. Comenzó a hablar con una voz temblorosa.

–¡Tch! Nunca he tenido suerte, tal vez por eso la busco en los horóscopos. Cuando recibí de mis padres una casa, creí que todo había cambiado. No era un palacio, sino una casita vieja y en mal estado, pero me decía: *"A caballo regalado no le mires el diente"*[19]. Empecé a hacer reformas. No me había costado nada

---

[18] **Ahorcar(se):** forma de morir en la que se utiliza una cuerda.

[19] **A caballo regalado no le mires el diente:** cuando te hacen un regalo o te dan algo gratis no debes ser exigente si no te gusta.

la casita, pero las obras sí. Hice un huerto para comer, porque necesitaba dinero para pagar las facturas. Se me ocurrió la idea de alquilar algunas de las habitaciones.

–¿Una casa rural? –preguntó Lucía.

–¡Tch! Sí, más o menos. Colgué un cartel en la **verja**[20] del jardín, pero al cabo de un año al saber que nadie quería alquilarme una habitación, tal vez porque nadie daba un paseo por el camino de delante de mi casa, puse un anuncio en un periódico. Esta vez funcionó, por suerte, porque los anuncios en los periódicos son tan caros que era imposible para mí poner otro. Vino a verme un hombre extraño.

A Lucía, todo le parecía raro, era la consecuencia de una curiosidad muy aguda, pero, ver al cándido señor García extrañarse, eso sí que era raro. Lucía solía deducir mucho de casi nada: ¿el señor García se extrañó con razón o por un motivo tan extravagante como el personaje?

–¿En qué aspecto parecía raro ese hombre? –preguntó Lucía.

–¡Tch! Iba vestido de amapola –respondió el señor García.

–¿Cómo? ¿Llevaba un **disfraz**[21]? –volvió a preguntar Lucía con extrañeza.

–¡Tch! No lo va a entender. Estaba en mi huerto y estaba a punto de recoger una calabaza para hacer una sopa, cuando me preguntó ese hombre acerca de la habitación que alquilaba. Llevaba un gorro con orejas rojas, un anorak de color amapola y un pantalón verde del color del tallo de la amapola. Además, llevaba unas enormes gafas de sol negras, como… como… ¿cómo se dice? seguro que usted lo sabe, una persona educada y con estudios… ¿cómo se llaman esos pelos negros en el interior de la amapola y que tienen polen?

---

[20] **Verja:** reja que se pone en puertas y ventanas para seguridad o como adorno.

[21] **Disfraz:** ropa que se pone en Carnavales.

–Los **estambres**[22], señor García, se llaman estambres.

–Lo sabía, me decía: esta señora va a saberlo. Yo casi no he ido a la escuela. Este hombre que me preguntó por el **alquiler**[23] me recordaba a las preciosas amapolas.

–Es muy sensitivo, señor García –afirmó Lucía.

–¡Tch! Sí, me gusta estar en armonía con la naturaleza. Esta sensibilidad se la debo al nombre que eligieron mis padres para mí. Nuestros nombres forman nuestro destino y nuestra personalidad. Sí, forman nuestro futuro, forman nuestro carácter, forman todo lo que somos. Mi nombre es Stefano. Es un nombre de origen griego que significa coronado de laureles. Por eso, estoy en profunda armonía con la naturaleza.

Lucía se mordió los labios para no sonreír irónicamente.

–¡Tch! Los Stefanos son sensitivos, creativos, y aunque sean muy sociables, necesitan momentos de soledad para reflexionar. Por eso, esa casa aislada en medio de una maravillosa naturaleza, era perfecta para mí.

–Pues, tenemos que tomar en consideración el hecho de que una celda no es el campo y que los jueces no son unos poetas como usted, señor García. Antes de continuar –dijo Lucía–, tengo que ver su casa, los paisajes, lo que veía usted cada día, lo que oía, lo que olía.

La respuesta de Lucía iluminó la mirada del señor García.

–¡Tch! Me ha entendido señora abogada, somos parecidos, gente intuitiva, seres sensibles, poetas. Lo sabía, cuando la he visto, lo he sabido. No podría haber hecho mi abogado mejor elección. Me va a sacar de este infierno.

***

---

[22] **Estambre:** órgano de la flor.

[23] **Alquiler:** precio de un inmueble para poder vivir en él.

Lucía tiene luces

Lucía había encontrado al señor García inestable, demasiado deprimido o excitado. No se fiaba de él. ¿Sería capaz un maniaco-depresivo de hacer un relato objetivo? Por eso puso fin a este primer encuentro. ¿Habría otro?, se preguntó Lucía mientras salía de la cárcel. Le dio cita al abogado en su despacho para poder revisar la versión policial juntos. El abogado empezó con su discurso comercial:

—Creo que la relación entre abogado y cliente tiene que estar basada en la confianza. No quiero que mi cliente se convierta en una carpeta llena de fotocopias, una carpeta con un nombre o, peor, un número, como ya he podido ver en otros casos de otros detenidos durante mis prácticas. No dejo de ponerme en el lugar de mi cliente, no dejo de preguntarme sobre lo que sufre en esta cárcel triste y sin luz un hombre del campo que necesita aire y sol, no pasa un día sin que sienta la injusticia de la que está siendo víctima el señor García. No son vínculos comerciales sino humanos...

—Deje su discurso de vendedor de palabras para otro momento. Quiero que me exponga el punto de vista de la policía —cortó Lucía al abogado.

—No le va a gustar —dijo el abogado secamente.

—No estoy aquí para que me guste o no, sino para que pueda decidir si me ocupo o no de este caso.

El abogado, con una mirada tímida y una voz asustada, empezó su relato. Sabía que el caso no era fácil. Para el joven abogado, designado por el Colegio de abogados para la defensa del señor García que no tenía medios económicos suficientes, elaborar una defensa todavía le era difícil, sobre todo en este caso.

—La policía recibió una llamada anónima, se oyó a un hombre gritando: «¡No me mates!» y después un disparo. Al llegar, los policías encontraron al señor García de pie al lado de un hombre muerto de un tiro en la cabeza. Lo habían matado mientras dormía, ya que todavía estaba cubierto con una manta eléctrica.

Había fuego en la chimenea. Encontraron un **baúl**[24] vacío, abierto. Las ventanas estaban cerradas. A la mañana siguiente encontraron la pistola en el jardín. Los policías pensaban que el señor García había tirado la pistola por la ventana, puesto que no había huellas de pasos en la tierra del jardín, sino en el camino que iba de la verja a la casa. Los policías comprobaron que había solo una llave y que era el señor García el que la tenía. No había otro culpable posible que el señor García que, por supuesto, había borrado las huellas de sus dedos de la pistola. He visto al señor García solo una vez y en su celda, que no es el mejor lugar para que pueda hacerme una idea de cómo pudo borrar las huellas. Algo no encaja en toda esta historia. Además, el muerto era un anciano que había sido **banquero**[25] –siguió explicando el abogado–. Buscaron **pruebas**[26] en la casa del banquero y encontraron un gran desorden, y la **caja fuerte**[27] abierta y, por supuesto, vacía. Un policía había visto un billete en el interior del baúl. Más tarde, los policías volvieron a la casa del señor García y buscaron en el jardín. Encontraron unos billetes dentro de un papel de periódico y ligeramente escondidos cerca de las calabazas. Los billetes tenían el mismo número de serie que los que habían sido encontrados en el baúl. Me temo que eso es una prueba de la culpabilidad del señor García, una prueba que nadie puede poner en duda y, además, una prueba que casi me convence. No sé si podré seguir defendiéndole. Estoy empezando a dudar yo también de su inocencia.

–Hay un proverbio que me encanta: «Si no eres parte de la solución, eres parte del problema». Veo que el señor García necesita mucha ayuda. ¿Hay testigos? –preguntó inmediatamente Lucía.

---

[24] **Baúl:** mueble que sirve para guardar ropa.

[25] **Banquero, a:** persona que trabaja en el banco.

[26] **Prueba:** razón, argumento.

[27] **Caja fuerte:** lugar donde se guarda el dinero.

–Hay dos casas únicamente en el vecindario –dijo el abogado–. No dijeron nada y el caso parecía tan fácil que los testigos son inútiles. Ah sí, hubo algo más, el portero, dijo que un hombre que chasqueaba la lengua vino a ver al banquero el mismo día que salió este con un baúl.

Lucía no dijo lo que estaba pensando del abogado: eres tú el inútil. Este caso le recordaba al detective francés **Rouletabille**[28]. Quizás por eso decidió seguir un poco más adelante e ir a ver la casa del señor García y, por supuesto, ir a preguntar a esos testigos tan inútiles.

***

La casa estaba en la sierra norte de Madrid, cerca de Robledillo de la Jara. Le habían dicho a Lucía que el paisaje era maravilloso, sin embargo Lucía nunca había ido a comprobarlo, ya que a ella no le gustaba la naturaleza fuera de la ciudad. A ella le bastaba con dos árboles y cuatro flores en un parque rodeado por edificios. Encontró una **coartada**[29] cultural: el famoso puente medieval de El Villar y, después de haber mirado un poco, se acercó a la casa del señor García por tierras llenas de **madroños**[30]; ahora entendía el origen del nombre de la localidad. Al final de una **cuesta**[31] había un pueblecito perdido en una inmensidad de tierras. Lucía paró el coche delante de la casa del señor García y suspiró: ¡Robledillo de la Jara, qué mejor lugar para aburrirse! Sentada, miraba el paisaje. La casita tenía el aspecto del paisaje: triste.

–¡Y al señor García le gusta este pequeño trozo de paraíso!

Había un pequeño jardín, un huerto en el que aún eran visibles las huellas del paso de los policías. Todo estaba rodeado de

---

[28] **Rouletabille:** detective ficticio creado por Gastón Leroux. Apareció por primera vez en *El misterio del cuarto amarillo*, donde es el personaje principal.

[29] **Coartada:** pretexto, disculpa.

[30] **Madroño:** tipo de árbol. Símbolo de Madrid.

[31] **Cuesta:** terreno en pendiente.

muros bajos. La policía había cerrado el acceso a la casa. Lucía decidió ir en busca de los testimonios de los testigos.

Cuando bajó del coche empezó a ladrar furiosamente el **pastor alemán**[32] de la casa vecina. Por suerte las verjas del jardín de esta casa eran altas. Parecía ser un perro que atacaba a cualquier cosa. No obstante, Lucía tenía un don especial con los animales. Solía, para tranquilizarlos, hablarles con una voz muy suave, a veces cantaba. Les cantaba una melodía que les quitaba toda agresividad. El perro trató de lamer las manos de Lucía a través de las rejas.

–¡Ha domado a Mato! –dijo Gustavo el **dueño**[33] de la casa–. Hasta hoy, nunca nadie ha podido acercarse a Mato en mi ausencia. Ha logrado usted hacerlo, ha logrado calmarlo y hacerse amiga suya. ¿Es usted un hada? –preguntó con curiosidad Gustavo.

–No, solo una detective –respondió Lucía con cierto aire de superioridad.

–Generalmente, hago un juego de palabras muy fácil y digo: «Pase, pase, nunca Mato mató a nadie», pero a usted, solo puedo pedirle: «Pase, por favor» –pidió educadamente Gustavo a Lucía.

Lucía entró en una casa de paredes blancas, sin decoración, ni fotos, ni cuadros, ni flores, ni plantas: una casa de soltero. Gustavo invitó a Lucía a sentarse, fue a la cocina y volvió con una bandeja con dos tazas y una cafetera.

–Siempre tengo café caliente, no para las pocas visitas que tengo, sino porque bebo café durante todo el día. No pensaba ver a una verdadera detective –dijo Gustavo.

–Así es, no solo existen en las películas. Ha recibido la visita de un inspector, ¿verdad?

–Sí, un bruto, no se hizo amigo de Mato y tuve que encerrar a Mato en casa. A esa persona no le ofrecí un café.

–¿Conoce al señor García?

---

[32] **Pastor alemán:** raza de perro.

[33] **Dueño:** propietario.

–¿Ha venido por lo del crimen? –preguntó con sorpresa Gustavo–. Chasco es un buen hombre, quizás demasiado simple.

–¿Chasco? –preguntó Lucía con asombro.

–Lo **hemos apodado**[34] así porque chasquea la lengua, porque nos burlamos un poquito y porque creía haber hecho fortuna con su herencia –dijo **guiñándome**[35] un ojo en signo de complicidad–, no es capaz de matar ni a una mosca. No entiendo lo que pasó.

–Y antes de la policía, ¿no vino nadie? –preguntó Lucía.

–Sí, vino un imbécil, casi se lo comió Mato, pero lo detuve por temor a la carne con **veneno**[36] del hombre, no quiero la muerte de mi perro, se lo digo de verdad.

–¿Le preguntó algo?

–No tuvo tiempo. Intentó abrir la puerta y Mato quiso morderlo. Le quedó un trocito de su anorak en la boca. Todavía lo tengo por si viene a recuperarlo, si viene vamos a hablar…

–Creo que nadie vendrá a recuperarlo. ¿Puedo verlo? –preguntó Lucía.

El hombre abrió un cajón y sacó un buen trozo de un anorak color amapola.

–Es un color un poco raro, ¿no? –preguntó Lucía al ver el color que inspiró el poeta Stefano García.

–Por supuesto, y no era solo raro el color, también el pantalón verde, el gorro rojo, las gafas enormes. Creí que iba disfrazado para los Carnavales.

–¿Puedo guardar el **trofeo**[37] de Mato? –le preguntó Lucía con una sonrisa.

---

[34] **Apodar:** llamar a una persona con un nombre que puede hacer referencia a una característica física o a un defecto corporal.

[35] **Guiñar:** gesto que se hace cerrando un ojo un momento.

[36] **Veneno:** sustancia mala para la salud.

[37] **Trofeo:** triunfo conseguido.

–Por supuesto, yo iba a tirarlo a la basura –le respondió Gustavo.

–¿Oyó usted un disparo? –preguntó Lucía con insistencia.

– Sí, posiblemente el disparo de un cazador. Estamos acostumbrados en el campo a este tipo de sonidos.

–Y una última pregunta –dijo Lucía–. ¿Llamó usted a la policía?

–No, no tenía que hacerlo –respondió con seguridad Gustavo.

–Muchas gracias por su ayuda –dijo amablemente Lucía.

–El placer fue mío. No dude en volver, Mato y yo siempre estaremos encantados de verla nuevamente.

Así que la amapola existía realmente. Eso era un buen punto de partida para el señor García. Lo que extrañaba a Lucía es que cuando alguien se viste así es para que se fijen en él, pero al mismo tiempo «La amapola» se escondía detrás de unas gafas enormes y un gorro con orejas. Este personaje la **intrigaba**[38]. Desde que había empezado su profesión, había aprendido que esas actitudes siempre tienen sentido, pero que lo difícil es, precisamente, descubrir el sentido.

---

[38] **Intrigar:** inspirar curiosidad.

1. Lee las siguientes preguntas y marca la respuesta correcta.

1. ¿Cuántos detectives hay en las páginas amarillas de Madrid?
   a. Menos de 30.　　b. Más de 30.　　c. Unos 300.

2. ¿Cómo era la casa que heredó el señor García?
   a. Reformada.　　b. En mal estado.　　c. En construcción.

3. ¿Qué significa el verdadero nombre del señor García? Coronado...
   a. en Grecia.　　b. de amapolas.　　c. de laureles.

4. ¿Como qué flor iba vestido el hombre que alquiló la casa del señor García?
   a. Una calabaza.　　b. Una amapola.　　c. Una rosa.

2. *García es el apellido más común en España. Este apellido es de origen vasco y está muy extendido por la Península Ibérica y por América. Otros cinco apellidos comunes en España son: González, Fernández, Rodríguez, López y Martínez.*

a. ¿Qué tienen en común estos cinco apellidos?

b. ¿Sabes el significado del sufijo -ez?

c. ¿Cuál es el apellido más común en tu país? ¿Sabes lo qué significa?

3. ¿Qué significado tienen las siguientes expresiones extraídas de la lectura? Elige la respuesta adecuada.

1. *Ir al grano*
   a. Ir al campo a recoger la cosecha.
   b. Ir a lo esencial.

2. *A otro perro con ese hueso*
   a. No te crees una mentira.
   b. Darle el hueso a otro perro.

3. *Tocar las narices*
   a. Molestar e incordiar.
   b. Acercar la mano a la nariz.

4. *Poner caras largas*
   a. Poner cara de alegría.
   b. Poner cara de enfado.

5. *Picar la curiosidad*
   a. Necesidad de saber las cosas.
   b. Picores en la nariz.

Una lucecita aparecía entre las nubes grises del misterioso caso García. Lucía se puso a cantar una canción de **Shakira**[39]. Mientras cantaba se dirigía hacia la segunda casa del vecindario. Llamó al timbre. Una anciana entreabrió la puerta y, con mucha desconfianza, asomó la cabeza.

–¿Quién es usted? ¿Desea algo? –preguntó la anciana con interés.

–Siento molestarla. Me llamo Lucía y soy detective, necesito preguntarle sobre lo sucedido en la casa del señor García, sobre lo que sucedió ese día o los días anteriores.

–¿Qué está diciendo? ¿Es usted detective de verdad? ¿Detective y mujer? ¡Dios mío! ¡Cuántos problemas tuve con mi marido que era machista! Pase y cuénteme, que a veces incluso mis series televisivas me aburren. Sin embargo, las veo todas.

–Habitualmente le digo yo a los testigos: *Cuéntame cómo pasó*[40] –dijo Lucía con gracia.

–Tiene usted sentido del humor. Hace al menos cinco... qué digo yo, hace diez años que cada día veo mi serie preferida. ¡Qué pena! Es la decimocuarta temporada y la **familia Alcántara**[41]... ¿Sabe?, todo lo que se cuenta lo he vivido, era la época en la que aún era joven. Desafortunadamente, ahora, se me ha ido la juventud... pero no le molesto con mis lamentos, ¿en qué puedo ayudarla? –preguntó por fin la anciana a Lucía.

–¿Ha visto usted a un hombre con un anorak color amapola? –le preguntó Lucía.

---

[39] **Shakira:** cantante colombiana.

[40] **Cuentamé cómo pasó:** serie de televisión española.

[41] **Familia Alcántara:** familia protagonista de la serie *Cuéntame cómo pasó.*

–Sí, un maleducado. Llamó al timbre un tipo raro y sospechoso. Le pregunté qué buscaba. Estaba asustada. Me pidió la dirección de la casa del señor García. Se la di y después intentó empujar la puerta. Le grité que iba a llamar a la policía y no insistió más. Fue a hablar con el señor García, Chasco lo llamamos con cariño, es un hombre buenísimo.

–¿Cuándo ocurrió todo esto? –preguntó con insistencia Lucía.

–Un día antes del crimen. No creo en la culpabilidad del señor García. ¿Un criminal este hombre que **es más bueno que el pan**[42]? ¡No puede ser! Volvió este hombre al día siguiente en un taxi. Traía un baúl. Un señor de más edad le acompañaba. Entraron en la casa del señor García. Al cabo de un rato, salió el hombre del anorak rojo y se paró delante del muro. Comprobó que nadie lo veía, y levantó el brazo. Oí un ruido como el de un **petardo**[43] y después lanzó algo al jardín, pero no sé lo qué era.

–¿Tiene usted una escalera? –preguntó Lucía a la anciana.

–Sí, la de mi marido, pero es demasiado pesada para mí –contestó con rapidez la anciana.

–¿Puede prestármela y guiarme hasta el lugar donde se quedó el hombre de pie? –pidió educadamente Lucía.

–¡Qué fuerte! ¿Va a investigar y voy a ayudarla? –preguntó con admiración la anciana.

–Exactamente, será mi ayudante imprescindible, yo no sé adónde ir para examinar este lugar –le contestó Lucía con cariño.

La anciana, orgullosa de participar en una investigación, tomó aire decidido de mujer de acción. Enseñó a Lucía dónde estaba la escalera y la condujo hacia el lugar donde había estado el hombre.

Lucía levantó la cabeza y vio la rama de un árbol. Comenzó a subir por la escalera.

---

[42] **Ser más bueno que el pan:** ser buena persona.

[43] **Petardo:** objeto que produce ruido.

–¡Lucía! ¿Qué hace? Es peligroso. Voy a mantener la escalera, un accidente pasa tan rápidamente. Es lo que hacía mi marido cuando subía yo para pintar las ventanas. Mi marido era un encanto, y me quería muchísimo.

Lucía no escuchaba a la anciana, inspeccionaba minuciosamente una rama de un árbol cerca del muro.

–¿Qué está haciendo? Es una rama normal de árbol normal... ¿Ha encontrado algo? –preguntó la anciana.

–Sí, una bala –respondió Lucía.

–¿Una bala? ¿Una bala de pistola? ¿De verdad?

–Si no disparó con un revólver, seguro que hay un **casquillo**[44] en el suelo. Voy a bajar.

–Siento no poder ayudarla, con la mala vista que tengo yo... ¿Qué es un casquillo?

–No se preocupe, voy a buscarlo y le mostraré lo que es.

–¡Qué vida tan intensa tiene, Lucía! A mí que quedan las aventuras de la televisión. Pero no son reales, no son cosas que se viven, que se tocan, no tienen materia. Son sueños y recuerdos, ni me acuerdo bien cómo pasó...

Lucía la dejó seguir su monólogo y se puso a buscar el casquillo. La anciana tuvo tiempo para contar parte de su vida, y Lucía estaba a punto de abandonar su búsqueda cuando pisó algo duro y **cilíndrico**[45]. Apartó las hierbas y encontró el casquillo.

–¿Es eso? He visto uno en la serie *Los hombres de Paco*[46]. ¿Cómo se llama eso?

–Se llama casquillo.

–Ah sí, lo ha dicho –dijo la anciana.

–Muchas gracias señora –dijo Lucía–, me ha ayudado mucho,

[44] **Casquillo:** cartucho metálico vacío.
[45] **Cilíndrico:** de forma redonda.
[46] **Los hombres de Paco:** serie de televisión española que caricaturiza al Cuerpo Nacional de Policía.

y su conversación es muy interesante, pero ya es tarde, tengo que irme. Volveré con mucho gusto otra vez, siempre y cuando la investigación lo necesite.

   –Eso espero –dijo con ilusión la anciana.

   –Ah, sí, una última pregunta. ¿Llamó usted a la policía? –preguntó con cierta insistencia Lucía.

   –No. ¿Por qué debería haberlo hecho? –preguntó asombrada la anciana.

   Lucía conducía rápidamente para volver a la ciudad, quería ver calles, aceras, inmuebles, coches e incluso atascos, quería volver a la verdadera vida, es decir, la suya. La anciana había dicho que su vida no tenía materia. Pero, ¿qué materia podría tener en semejantes lugares? La pregunta le recordó una réplica de Humphrey Bogart: «De la misma materia de la que están hechos los sueños», sus sueños. No eran sueños sino imágenes robadas a la pantalla de la televisión. No vivía, imaginaba vivir. Tal vez es una de las razones por la cual llaman a la televisión la caja tonta. Este pensamiento la hizo **tiritar**[47] de frío y de aburrimiento. Ella no conocía el aburrimiento, tenía que investigar más sobre esta amapola venenosa. Por suerte, el perro había elegido el mejor lugar para morder, ya que el trocito de anorak tenía una etiqueta con el nombre de la tienda *Para el hombre elegante*. Tenía que ir a ver esa tienda. Lucía conocía una calle en la que había tiendas donde se podía comprar ropa tan rara como la que llevaba «el hombre amapola». Aparcó el coche en esta calle y fue a buscar la tienda. Un anorak amapola, un gorro rojo, un pantalón verde, gafas de sol enormes, no era la idea exacta que se hacía Lucía del hombre elegante. Tampoco era la de la vendedora.

   –Por supuesto, me acuerdo. Afortunadamente, poca gente se viste de payaso. La idea de mi jefe de vender anoraks de color

---

[47] **Tiritar:** temblar de frío o de miedo.

amapola fue un fracaso, pero la ridícula mezcla de colores de estos idiotas...

–¿Estos? –preguntó asombrada Lucía.

–Sí, eran dos –respondió la vendedora con seguridad–. Compraron los dos el mismo uniforme de espantapájaros.

–¿Ya había visto a estos hombres?

–A uno no, pero al otro lo veía a menudo, era vendedor en la tienda de enfrente.

Lucía cruzó la calle e inspeccionó la tienda que tenía un rótulo de neón en el que se podía leer: «Especialista en **equipajes**[48]». En medio de las maletas, estaba expuesto un magnífico baúl. Cuando entró una vendedora con una sonrisa radiante le preguntó:

–¿Usted se va de vacaciones? Facilite su viaje eligiendo entre la mejor gama de maletas. Somos especialistas desde hace más de un siglo.

–Me llamó la atención este baúl.

–Tiene usted buen gusto, es magnífico. Es una copia de un baúl de equipaje de 1890, es decir, tiene 120 años de antigüedad. Hecho por la famosa empresa francesa Víctor Ruitton. Este baúl está confeccionado con la famosa tela hecha a cuadros un poco diferente de la actual. Es un artículo de colección. Casi no se vende porque no es práctico para coger el avión, pero entregamos uno a un cliente hace un mes más o menos.

–¿Se acuerda usted del hombre a quién se lo vendió?

–No lo vendí yo, sino otro vendedor que no ha vuelto a trabajar aquí. No sé por qué... El baúl está forrado de una manera estupenda. El interior es perfecto. Se lo voy a enseñar.

La vendedora abrió el baúl pero Lucía ya había salido de la tienda sin despedirse. Le pidió por teléfono al abogado la

---

[48] **Equipaje:** conjunto de maletas.

dirección del banquero asesinado y fue a preguntar al portero. Lo encontró barriendo la escalera.

–Hola, ¿es usted el portero? –preguntó Lucía con educación.

–Mi mujer es la portera, pero la ayudo, en nuestra pareja es cosa habitual, en un buen matrimonio se deben repartir las tareas –respondió el portero sin dejar de mirar a Lucía.

–Me encanta su filosofía. Es estupendo que compartan su esposa y usted la misma filosofía –respondió Lucía.

–*El lobo y la oveja, nunca hacen pareja.* Por eso somos felices, porque tenemos la misma actitud y los mismos proyectos.

–¡Qué bien! Eso es hablar...

–*El que no mira hacia adelante, atrás se queda.* Así somos fuertes, así tenemos un porvenir –continuó diciendo el portero.

Lucía tuvo miedo de tener que escuchar la lista entera de los refranes, si seguía así dando muestras de cortesía. Sonrió, sabía que tenía una sonrisa irresistible. Preguntó:

–¿Ha visto usted recientemente a alguien con un anorak y un gorro rojos? Los porteros son personas muy observadoras –dijo Lucía.

–Sí, es verdad, vemos todo, sabemos todo. Somos más sabios de lo que se cree, pero nos callamos. No, no vi a ese individuo. Lo siento, no puedo ayudarla, una cosa es saber, otra es inventar. Disculpe, tengo trabajo.

–¿Y a ningún otro individuo?

–Oh sí, uno con un baúl. Tenía que entregarlo al señor de la primera planta y me preguntó si había ascensor. ¡Qué sinvergüenza! Seguramente estaba **buscando los tres pies al gato**[49], burlándose de mí. ¿Un edificio de alto *standing* como el nuestro sin ascensor? –La indignación del portero era sincera.

–¿Cómo era físicamente? –preguntó Lucía con insistencia.

–No sé, llevaba un abrigo ancho como sucio, marrón de color

---

[49] **Buscar los tres pies al gato**: intentar encontrar soluciones que no tienen sentido.

o de suciedad, y la capucha le escondía la cara. Pero lo que me ponía nervioso era que chasqueaba la lengua. Mi abuela siempre me decía: «¡Cuídate de los que Dios marca!».

A Lucía le quedaba una pregunta que le salió por intuición:
–¿Y el baúl?

–Lo había puesto en una **carretilla**⁵⁰, un baúl muy grande, precioso, se parecía a los bolsos franceses que mi mujer nunca podrá comprarse.

–¿De la marca Víctor Ruitton? –preguntó rápidamente Lucía.

–Eso es, a mí no me gustan nada los productos de esta marca, pero cada uno tiene su gusto, eso es la ley del mundo, nadie la puede cambiar.

–Bueno, adiós y muchas gracias. Hasta la próxima.

Lucía se marchó antes de escuchar la respuesta del portero. Lucía pensó: no habrá otra vez, dios mío. ¡**Qué rollo**!⁵¹

***

Lucía necesitaba hablar con Chasco, perdón, con el señor García. Tenía que intentar entender el papel de la amapola.

–¡Tch! Lucía, me alegro de volver a verla. ¿Va a sacarme de esta cárcel? –preguntó el señor García.

–Quizás, pero tiene que contarme todo. ¿De qué color es su ropa con capucha? –le preguntó Lucía.

–¡Tch! ¿Una capucha?, ¿yo? Nunca he soportado llevar boina, gorro, gorra, visera, sombrero o capucha, me quedan tan mal las capuchas que parezco el más tonto de los tontos.

–Muy bien, cuénteme todo lo que sucedió ese día, es muy importante.

–¡Tch! Era martes, estaba en mi huerto. Oí al perro de mi vecino ladrar y los pasos de un hombre que pensé que estaba aterrorizado. Me volví y lo vi acercarse a mí. Estaba doblando

---

⁵⁰ **Carretilla:** carro pequeño de una sola rueda.
⁵¹ ¡**Qué rollo!:** ¡qué aburrimiento!

el anorak rojo que se había quitado. Me preguntó si era el propietario y por cuánto dinero alquilaba la habitación. Me pareció un poco extraño con su gorro y sus gafas, pero por fin, alguien quería alquilar mi habitación.

Aceptó mi precio y quedamos para el día siguiente. Volvió como había dicho, con un anciano de barba blanca y lo ayudé a subir un baúl, que era muy pesado, a la habitación. El anciano me dijo que siempre tenía frío y que quería un buen fuego en la chimenea, que iba a pagar la **leña**[52]. Añadió que tenía que tomar medicinas a las cinco de la tarde. Tenía yo que hacerle una **tisana**[53], subirla a la habitación y despertarlo si dormía. Volví a mi huerto. Unos minutos más tarde, el joven bajó, se acercó y se detuvo un rato para hablarme de la belleza de mis calabazas. Me pidió permiso para coger una y también me pidió otra cesta con leña para la habitación, ya que el anciano era muy **friolero**[54]. Cuando volví, el joven se había ido. Vi que se había llevado una calabaza y que había removido mucha tierra. Pensé que los idiotas de la ciudad no sabían nada de cultura agrícola para remover tierra y para coger una calabaza, pero también que era un maleducado, coger una calabaza sin permiso...

–¿No notó nada en su anorak? –le peguntó Lucía que empezaba a tener luces.

–¡Tch! Sí, ahora que me lo dice me acuerdo, tenía un gran **agujero**[55], lo noté la segunda vez, mientras estaba trabajando en mi huerto, había subido a la habitación del anciano. Le había llamado por teléfono, me dijo, pero no lo había visto con móvil. Cuando volvió, le pregunté y me contestó que había roto su anorak desplazando el baúl. Llevaba un bulto.

A las cinco menos cinco hice una tisana y a las cinco en pun-

---

[52] **Leña:** trozos cortados de árbol que se utilizan para hacer fuego.

[53] **Tisana:** bebida medicinal.

[54] **Friolero:** sensible al frío.

[55] **Agujero:** abertura redonda.

to la subí a la habitación e intenté despertar al anciano dormido, pero estaba muerto. No tuve tiempo para reflexionar, llegaron inmediatamente los policías y me detuvieron.

–Una coreografía cronometrada –dijo Lucía.

Se levantó y empezó a caminar de un lado a otro en el reducido espacio de la celda. Miraba a ambos hombres sin verlos y hablaba en voz alta contando con sus dedos.

Los dos hombres la seguían con los ojos, asombrados, sin entender nada, sin atreverse a interrumpirla. Esperaban un desenlace próximo y, por supuesto, favorable para el señor García. De repente, Lucía se paró delante del abogado.

–Le toca a usted convencer a la policía. Los policías deben buscar en el apartamento del vendedor las cosas que le voy a decir y detenerlo junto al cómplice del asesino.

–¿Qué vendedor? ¿Un cómplice? –preguntó con cara de sorpresa el abogado.

–¡Tch! He visto solo al tipo muerto y al del anorak...

–Eran dos con dos anoraks. Necesita usted este casquillo y este trozo de anorak para explicarle a la policía lo que voy a exponerle.

Con la mirada fija en los objetos que Lucía acababa de darle, el abogado movía la cabeza sin comprender las explicaciones. Lucía empezó de nuevo sus explicaciones más lentamente.

–Increíble, ahora entiendo, es increíble... –dijo con alegría el abogado.

***

Las gigantescas puertas de la cárcel se abrieron y el señor García, ya libre, se arrojó a los brazos de Lucía.

–¡Tch! Perdóneme, soy tan feliz... –le dijo, mientras abrazaba a Lucía.

Fueron a tomar una copa para celebrar el momento de felicidad. El abogado enseñó a Lucía la confesión del vendedor.

«*Me llamo Antonio Rodríguez, soy vendedor en una tienda de maletas. Hace tres años me hizo mucha ilusión la idea de ser dueño de mi propia tienda y solicité un préstamo. El banquero me negó el préstamo e incluso me humilló delante de sus colegas. Siempre tuve ganas de vengarme, y tuve esta ocasión cuando vino el banquero a la tienda en la que soy vendedor. Quería comprar un baúl. Indicó su dirección para la entrega. Desgraciadamente, le conté todo esto a un desconocido con quien me emborraché. La visita al banquero me había puesto tan rabioso que no pude callarme. No sabía que mi compañero de* **borrachera**[56] *salía de la cárcel. Me dijo que en la casa de un banquero siempre hay una caja fuerte con un montón de dinero para comprar tres tiendas al menos. Este compañero era especialista en disfraces e inventó un plan sin decirme nada. Buscó una casa aislada para esconderse después de haber robado al banquero y compramos dos anoraks, dos gorros, y gafas de sol. El día de la entrega, me escondí en el baúl. En el piso del banquero, oí un disparo: mi compañero había matado al banquero. Abrió el baúl y le di los utensilios para abrir la caja fuerte. Pusimos el cuerpo del banquero y el dinero en el baúl y fuimos a la casa en la que había alquilado una habitación. Pusimos el cuerpo en la cama debajo de una manta eléctrica para engañar al* **forense**[57] *sobre la hora de la muerte y, por esta misma razón, encendimos un buen fuego en la chimenea. Bajé al huerto, inventé un pretexto, un motivo para alejar al propietario y le dije que volvía a subir puesto que el anciano me necesitaba, hice un* **agujero**[58] *en el suelo del huerto, escondí unos billetes y me fui.*

Mi papel se había acabado. Mi **cómplice**[59] *esperó un ratito y bajó después –supongo que el señor García creyó que era yo–, para disparar un tiro, lanzar la pistola al jardín y llamar a la policía*».

---

[56] **Borrachera:** efecto de beber mucho.

[57] **Forense:** médico encargado de atestiguar ante la justicia la muerte de alguien.

[58] **Agujero:** abertura redonda.

[59] **Cómplice:** persona que participa en un crimen o delito.

–¡Tch! Estupendo... ¿Cómo se ha enterado? Prefiero olvidar la maldad de la gente e invitarla a pasar un tiempo en mi casa. El silencio, la calma, el descanso, una vida tranquila le hará mucho bien.

Lucía buscó en su bolso un neceser para retocar su maquillaje. Al mismo tiempo que lo sacaba, sonó su móvil.

–Disculpen. Dígame... sí... no... Increíble... Cierto, voy... Lo siento, una llamada muy importante, otro caso. Tengo que irme, señores, ha sido todo un placer.

Alejándose, Lucía pensaba que no tenía ganas de aburrirse y que había tenido una idea genial cuando había pedido a su operador telefónico una tecla rápida para llamarse a sí misma.

1. **Lee las siguientes preguntas y marca las respuestas correctas.**

1. ¿De dónde procede el dinero que el señor García gana?
   a. Del alquiler de las habitaciones de su casa.
   b. De su pensión de jubilado.
   c. De vender las calabazas de su huerto.

2. ¿De qué ha sido acusado el señor García?
   a. De asesinato y robo.
   b. De asesinato, robo e intimidación.
   c. De asesinato.

3. ¿Cuál es el rasgo más característico del señor García?
   a. Saca la lengua cuando está hablando.
   b. Hace un ruido con la lengua cuando empieza a hablar.
   c. Hace ruido con la lengua cuando está hablando.

4. ¿Cómo llaman los vecinos al señor García?
   a. Chasque.
   b. Chasquero.
   c. Chasco.

5. ¿En qué cree el señor García?
   a. En los horóscopos y en el tarot.
   b. En los horóscopos, el tarot y el significado de los nombres.
   c. En los horóscopos y el significado de los nombres.

2. **¿Verdadero (V) o falso (F)?**

	V	F
a. La actividad principal de la anciana es ver telenovelas y series españolas.	☐	☐
b. Al portero le gusta hablar utilizando refranes.	☐	☐
c. La pistola tenía las huellas del señor García.	☐	☐
d. El perro de Gustavo se llama igual que la 1.ª persona del singular de un verbo.	☐	☐

3. Las siguientes definiciones se corresponden con algunas palabras que han aparecido en el relato. Lee la definición y escribe la palabra a la que se refiere.

a. Flor roja y con semilla de color negro: ....

b. Hace reír en el circo y tiene una nariz roja: ....

c. Juego compuesto de piezas de madera o cartón: ....

d. Fruto de color naranja muy común en la noche de Halloween: ....

e. Objeto que se pone en los campos y árboles para que los pájaros no se coman la cosecha: ....

f. Mal sueño: ....

g. Persona que tiene mucho frío siempre: ....

4. Relaciona los verbos de la columna de la izquierda, aparecidos en el relato, con los elementos de la columna de la derecha.

1. Lamer •   • **a.** de frío.
2. Guiñar •   • **b.** con una escoba.
3. Alquilar •   • **c.** un ojo.
4. Titiritar •   • **d.** un piso.
5. Barrer •   • **e.** una mano

5. En el relato se hace referencia a los horóscopos, las cartas del tarot y el significado de los nombres. ¿Conoces el nombre de la ciencia que se ocupa de las siguientes actividades?

a. Los horóscopos **b.** Los números **c.** La lectura de las cartas del tarot

....

d. Los colores **e.** Los nombres **f.** La lectura de las líneas de la mano

....

6. Mato, el perro de Gustavo, ladra. ¿Sabes lo que hacen estos animales?

a. El gato **c.** El búho **e.** El elefante **g.** El león **i.** Los pájaros

b. El caballo **d.** La gallina **f.** El burro **h.** El lobo **j.** La paloma

Claves

ANTES DE LA LECTURA

1. El nombre de Lucía proviene del latín *lux-lucis*. Significa «*luz*».

2. Santa Lucía es la patrona de los ciegos y la abogada de los problemas de la vista. La fiesta se celebra el día 13 de diciembre.

3. 1. g; **2.** e; **3.** a; **4.** c; **5.** h; **6.** f; **7.** d; **8.** b.

4. Audaz, discreto, inteligente, metódico, observador, sagaz y organizado.

5. *Sherlock Holmes* (A. Conan Doyle), *Hercules Poirot* (Agatha Christie), *C. Auguste Dupin* (Edgar Allan Poe), *Rouletabille* (G. Leroux), *Sam Spade* (Dashiell Hammetts), *Miss Marple* (Agatha Christie).

DURANTE LA LECTURA

1. 1. b; **2.** b; **3.** c; **4.** b.

2. **a.** El sufijo -ez; **b.** -ez: "*hijo de*": hijo de Gonzalo, Fernando, Rodrigo, Lope y Martín; **c.** Sánchez, Pérez, Gómez, Hernández, Álvarez, Jiménez, Gutiérrez, Vázquez, Domínguez, Ramírez.

3. 1. b; **2.** a; **3.** a; **4.** b; **5.** a.

DESPUÉS DE LA LECTURA

1. 1. b; **2.** a; **3.** b; **4.** c; **5.** b.

2. **a.** V; **b.** V; **c.** F; **d.** V.

3. **a.** amapola; **b.** payaso; **c.** rompecabezas; **d.** calabaza; **e.** espantapájaros; **f.** pesadilla; **g.** friolero.

4. 1. e; **2.** c; **3.** d; **4.** a; **5.** b.

5. **a.** Astrología; **b.** Numerología; **c.** Cartomancia; **d.** Colorimetría; **e.** Onomástica; **f.** Quiromancia.

6. **a.** maúlla; **b.** relincha; **c.** ulula; **d.** cacarea; **e.** barrita; **f.** rebuzna; **g.** ruge; **h.** aúlla; **i.** trinan; **j.** arrulla.

IV
La noche del estreno

Rafael González Tejel[*]

 4

[*] (Madrid, 1980). Estudió Periodismo y Teoría de la Literatura en la Universidad Complutense de Madrid. Es autor del ensayo 'Teatro en vena' y el poemario 'Pequeños sueños gravemente heridos' y forma parte del colectivo Teatro Sumergido. En la actualidad trabaja como profesor de español en el Instituto Cervantes de Cracovia (Polonia).

ANTES DE LA LECTURA

1. El tema principal de «La noche del estreno» es el teatro. Completa el siguiente gráfico con palabras, expresiones e ideas relacionadas con el teatro. Compara tus resultados con otros compañeros.

2. Aquí tienes una lista de palabras relacionadas con el teatro que aparecen en la historia. Únelas con su significado.

☐ obra ☐ telón ☐ butaca ☐ estreno ☐ ensayo ☐ reparto

a. Cortina grande que sube al principio del espectáculo y baja al final.

b. Conjunto de actores que trabaja en un espectáculo.

c. Espectáculo de teatro.

d. Especie de silla en la que se sientan los espectadores.

e. Representación de un espectáculo antes de presentarlo al público.

f. Primera vez que se representa un espectáculo de teatro.

3. Lee estas frases de personas famosas sobre el teatro. Señala cuál te gusta más y justifica las razones.

a. El teatro no puede desaparecer porque es el único arte donde la humanidad se enfrenta a sí misma (*Arthur Miller*).

b. La vida es una obra de teatro que no permite ensayos (*Charles Chaplin*).

c. He disfrutado mucho con esta obra de teatro, especialmente en el descanso (*Groucho Marx*).

d. Si la gente quiere ver solo cosas que puede entender, no tendrían que ir al teatro: tendrían que ir al baño (*Bertolt Brecht*).

e. La Tierra es un teatro, pero con un reparto deplorable (*Oscar Wilde*).

4. «La noche del estreno» está protagonizada por un director de teatro y un crítico. ¿Qué características tienen que tener estos profesionales? Coméntalo con tu compañero y haz una lista.

I. EL CRÍTICO

Madrid, 2013

Me presento. Me llamo Carlos y soy crítico de teatro desde hace casi dos décadas. Trabajo en diferentes medios de comunicación, el más conocido es **El País**[1]. Sí, soy crítico, una de las profesiones más contradictorias. Básicamente, mi trabajo consiste en opinar sobre el trabajo de los demás. Mientras los espectadores van a disfrutar del espectáculo, yo analizo cada detalle de la **puesta en escena**[2], del trabajo de los actores, de la labor de dirección. Nada puede escapar a mi mirada. Sé que mucha gente piensa lo contrario, prefiero hablar bien de un espectáculo que criticarlo: es más fácil escribir desde una perspectiva positiva y no desde una negativa.

Los días que tengo que ir al trabajo sigo siempre el mismo ritual. Intento documentarme sobre la obra que voy a ver. Ahora con Internet todo es más sencillo. Busco información sobre la compañía, el reparto, el director y el texto. No demasiada, intento no profundizar y, especialmente, no leer nada relacionado con el espectáculo. Me afeito, comento con mi mujer, Isabel, detalles de la obra, compruebo que tengo la invitación y preparo el bolígrafo y el cuaderno donde tomo notas. Normalmente voy andando al teatro. Me gusta llegar con tiempo, fumarme

---

[1] **El País:** periódico español. Es el periódico no deportivo de mayor difusión en España.

[2] **Puesta en escena:** trabajo que consiste en convertir un texto dramático en una representación teatral.

un cigarro antes de entrar y una vez dentro ocupar mi butaca, ni muy cerca ni muy lejos del escenario. Leo el **programa de mano**[3], compruebo el tipo de público que hay esa noche y es entonces cuando empieza la obra.

Me encanta mi trabajo. Bueno, me encantaba. Todo cambió la noche en la que me crucé con Pedro Cérber. Antes ya le conocía, fui a muchos de sus espectáculos. Incluso podía decir que era uno de los directores con más futuro del teatro español, un hombre con talento y una sensibilidad especial.

La de crítico, como he dicho, es una profesión complicada. Tengo que trasladar mi punto de vista sobre lo que he visto con eficacia y respeto. Escribo para los lectores, no para los amigos, la gente del teatro o la moda del momento. Esto muchas veces me ha provocado algunos conflictos. A veces me han enviado regalos personales a casa, me han invitado a fiestas con mujeres espectaculares e incluso he recibido alguna que otra amenaza. Pero nunca me había pasado nada como lo que sucedió aquel día.

La obra sobre la que tenía que escribir se representaba en uno de mis escenarios favoritos, el **Teatro Español**[4], en pleno corazón de Madrid, en la **bulliciosa**[5] **Plaza de Santa Ana**[6]. A primera hora de la mañana recibí la llamada de mi jefe diciéndome sobre qué función debía escribir y de cuánto espacio iba a disponer en el periódico del día siguiente: tres columnas en la primera página de Cultura. «Mucho, debe de ser un espectáculo importante», pensé en aquel instante. El texto debía estar en el periódico antes de la **hora de cierre**[7], las doce de la noche.

---

[3] **Programa de mano:** folleto gratuito que informa sobre lo que el espectador va a ver en un teatro.

[4] **Teatro Español:** teatro público de Madrid, propiedad del Ayuntamiento, que se inauguró en 1895.

[5] **Bullicioso, a:** que produce ruido.

[6] **Plaza de Santa Ana:** plaza del centro de Madrid, famosa por su ambiente y sus terrazas al aire libre.

[7] **Hora de cierre:** hora límite a la que debe estar terminado un periódico.

Acepté sin problemas. Estoy acostumbrado a escribir con la presión del reloj. Creo que no sé hacerlo de otra forma.

Recuerdo que aquel día desayuné un café con leche en vaso, muy corto de café y con leche caliente, y un donut de chocolate. Me llamó por teléfono un antiguo compañero, también crítico. Le acababan de despedir. En su periódico había recortes económicos por la crisis. Y, está claro, ¿quién necesita un crítico de teatro?

Pasé la tarde entre libros hasta la hora de ir al teatro. Ahora recuerdo que aquel día usé el metro porque hacía mucho frío y me dolía la rodilla. Decidí coger la línea 3 en **Plaza de España**[8] hasta **Sol**[9] y, una vez allí, disfrutar de cómo me hace sentir ese lugar tan especial de Madrid: solo entre tanta gente. Es una sensación imposible de describir, mágica.

De la Puerta del Sol al Teatro Español tardé cinco minutos. Cuando llegué a la entrada del **recinto**[10] vi que no iba a ser una noche más. Había la atmósfera típica de las grandes funciones. Los asistentes eran básicamente **treintañeros**[11] de clase media-alta y mucha gente mayor, lo habitual. Me gusta el público de Madrid, tan cálido y abierto. Me encanta su forma de ir al teatro como quien va a una fiesta, sin darle demasiada importancia, y las largas conversaciones que se producen en los bares cercanos cuando termina la obra.

Mientras buscaba mi espacio entre la gente lo vi. Estaba solo, al final del pasillo de la entrada. Era él, Pedro Cérber, el director del espectáculo sobre el que iba a escribir. Le di la mano, le deseé suerte y le dije que me gustaría volver a verlo.

Ahora sé que no tenía que haber hecho ninguna de las tres cosas.

---

[8] **Plaza de España:** plaza situada en el centro de Madrid. También da nombre a una estación de metro.

[9] **Sol:** plaza muy visitada por los turistas en el centro de Madrid. Da nombre a una estación de metro.

[10] **Recinto:** espacio, sala.

[11] **Treintañeros:** personas que tienen entre 30 y 39 años.

II. EL DIRECTOR

Madrid, 2013

Lo primero que debo decir es que no entiendo mi vida sin el teatro. Ocupa todas las horas de mi día. Creo que la mayoría de mis sueños están relacionados con las **tablas**[12]. El teatro me da energía, me tranquiliza, me alegra, me pone triste, me hace feliz, me hace sufrir. Las mejores noches son ir al teatro, es como estar dentro de un sueño. La obra está en mi interior durante días, a veces semanas. Alguna la voy a recordar el resto de mi vida. El teatro me hace sentir que todo es posible.

Todos mis amigos pertenecen a la profesión. El teatro me ha dado tanto, bueno y malo, que puede ser muy aburrido hacer una lista. Incluso una vez me provocó un **amago de infarto**[13]. Fue durante un ensayo, mientras preparábamos una versión moderna de *El castigo sin venganza*[14], de **Lope de Vega**[15]. Antes yo era un director de un carácter fuerte. Me pasaba los ensayos corrigiendo hasta el más mínimo detalle. No podía dejar nada a la improvisación. Todo debía estar perfectamente planificado. **Estaba muy encima**[16] de los actores, siempre dando órdenes, no paraba ni un segundo. Era pura emoción. Después de aquel infarto cambié: ahora estoy más tranquilo, no necesito gritar ni doy tantas órdenes como antes. Mis actores y ayudantes se alegraron. Mi corazón también.

Claro, no todo son buenos momentos. Al contrario. He sufrido mucho para estar donde estoy ahora. Pocos lo saben, quizá

[12] **Tablas:** escenario de un teatro.

[13] **Amago de infarto:** problema relacionado con el corazón. Fase inicial de un ataque al corazón que finalmente no se produce.

[14] **El castigo sin venganza:** obra teatral escrita por Lope de Vega en el siglo XVII.

[15] **Lope de Vega:** destacado poeta y dramaturgo clave del Siglo de Oro español (siglos XVI y XVII).

[16] **Estar encima (de alguien):** controlar, vigilar a alguien de cerca.

solamente los más cercanos. Vengo de una familia humilde que no ha podido ayudarme económicamente. Todo me lo **he ganado a pulso**[17] desde el día que entré en la **RESAD**[18]. Estoy orgulloso de ello. La gente del teatro tenemos una memoria especial. Olvidamos lo negativo y solo recordamos los buenos momentos. Es una profesión complicada. Hay mucha competitividad y poco espacio para tanta gente. Creo que la envidia es uno de los principales problemas. Todos queremos el papel o el espectáculo del otro. Y cuando lo tenemos queremos más, no nos **conformamos**[19]. Supongo que es algo humano.

Durante mi carrera profesional he conocido a todo tipo de gente, rara, egoísta, con talento, misteriosa. Pero nunca a nadie como Carlos Lafuente. Sin lugar a dudas, lo que pasó aquella noche con Lafuente ha marcado toda mi trayectoria. Hasta entonces casi no lo conocía. Debo decir que leía todo lo que escribía. Los que nos dedicamos a las artes escénicas leemos todo lo que se escribe de nosotros. Si una persona dice lo contrario, miente. Somos gente sensible, no nos gustan las críticas, incluso cuando sabemos que tienen razón. La opinión de Lafuente siempre fue muy influyente. Si escribía bien sobre tu espectáculo, podía atraer al público. Si ocurría lo contrario, si no le gustaba o veía aspectos negativos, el futuro se volvía muy negro.

Aquella noche era mi noche, el estreno del espectáculo en el que más trabajo, ilusión y dinero había puesto. Tras meses de ensayos nada podía fallar. Vi a Lafuente en el pasillo de la entrada del Teatro Español. Lo saludé e intercambié algunas palabras amables con él. Lo que pasó después, ni él ni yo lo podíamos haber imaginado.

Tener todo a favor nunca puede ser suficiente.

---

[17] **Ganarse a pulso (algo):** conseguir algo con mucho esfuerzo.

[18] **RESAD:** Real Escuela Superior de Arte Dramático de Madrid, fundada en 1831 y una de las más importantes de España.

[19] **Conformarse:** darse por satisfecho.

1. Contesta en tu cuaderno a estas preguntas relacionadas con la historia que acabas de leer.

   a. ¿Qué aspectos positivos y negativos de su profesión menciona el crítico?

   b. ¿Cómo define el crítico a la gente de Madrid que va al teatro?

   c. ¿En qué han cambiado los hábitos profesionales del director? ¿A qué se deben estos cambios?

   d. ¿Qué importancia otorga el director a los medios de comunicación?

   e. ¿Cómo puedes describir la relación que une al crítico y al director?

2. A continuación tienes algunas palabras o expresiones relacionadas con el teatro. Con tu compañero, seleccionad tres de ellas (puedes usar el diccionario para saber su significado) y redactad sus definiciones.

CARTELERA	FUNCIÓN	DECORADO
MAQUILLAJE	TEMPORADA TEATRAL	PAPEL PRINCIPAL
VESTUARIO	SECUNDARIO	ILUMINACIÓN

3. Carlos Lafuente y Pedro Cérber protagonizan «La noche del estreno». Define su personalidad y elabora una lista con tres virtudes y tres defectos de cada uno.

Carlos Lafuente	Pedro Cérber
VIRTUDES:	VIRTUDES:
DEFECTOS:	DEFECTOS:

4. ¿Por qué crees que la noche del estreno cambió las vidas del crítico y del director? Con tu compañero, haz hipótesis y escribe un pequeño texto.

III. EL CRÍTICO Y EL DIRECTOR

Madrid, 2010

La función ha terminado. Los actores saludan. El público explota en unos aplausos que duran unos minutos. Los intérpretes tienen que salir otras tres veces más. Finalmente, el director, Pedro Cérber, sale de la mano de una de las actrices. Es en ese momento cuando parte del público se levanta y aplaude con más fuerza. Es evidente que la obra ha sido un éxito.

Media hora después, Carlos Lafuente abre su ordenador portátil. Está en un pequeño despacho del **sótano**[20] del Teatro Español. Sin reflexionar demasiado, empieza a escribir. Parece que tiene las ideas claras. Escribe rápido, aunque de vez en cuando consulta la libreta. En ese momento entra en la sala Pedro Cérber. Lafuente no lo ve, sigue escribiendo.

–Vaya, vaya... No lleva acento –dice el director mientras señala la pantalla.

–¿Cómo?

–Sí, se le ha debido olvidar. «**Libido**»[21]. No lleva tilde. Parece **esdrújula**[22], pero es una palabra que proviene del latín 'libidus'. Consulte si no me cree en el diccionario de la **RAE**[23].

---

[20] **Sótano:** planta subterránea de un edificio.

[21] **Libido:** término médico y psicológico que hace referencia al deseo sexual.

[22] **Esdrújula:** palabra cuya sílaba fuerte es la antepenúltima.

[23] **RAE:** Real Academia Española. Institución especializada en léxico, gramática, ortografía y lingüística.

–Es verdad. Al texto le falta el repaso definitivo. Ahora, si me disculpa, tengo mucho trabajo y poco tiempo.

–¿No me reconoce?

La pregunta del director llama la atención del crítico, que se gira y responde.

–¡Qué sorpresa! Quiero darle la enhorabuena. Lo de hoy ha sido un éxito espectacular.

–Muchas gracias. Quería hablar con usted desde que lo vi entrar al teatro. Sinceramente, no esperaba su presencia.

–Bueno, creo que no es tan raro. Soy crítico de teatro. Suelo estar en los estrenos importantes. Y este lo es.

–Llevo mucho tiempo queriendo hablar con usted. Ha sido imposible.

–Ahora no es el mejor momento. Podemos hablar, mucho más tranquilos, en los próximos días –responde el crítico sin **perder los nervios**[24].

–He estado durante toda la función observándole.

Lafuente deja de escribir. La última frase le ha sorprendido. El director sigue hablando.

–Quería descubrir qué estaba pensando de la obra. Descifrar cada uno de sus movimientos para saber si le estaba gustando o no. Le he visto **rascándose**[25] la cabeza, he analizado sus **parpadeos**[26], la forma en la que movía las manos... No he llegado a ninguna conclusión. Por eso estoy aquí. Quiero saber qué le ha parecido la obra.

–Ya le he felicitado, el público ha salido encantado. Ya lo ha visto, uno de los mayores éxitos del año. La verdad es que no entiendo qué hace aquí perdiendo el tiempo en lugar de estar con sus compañeros celebrando el éxito.

---

[24] **Perder los nervios:** no saber controlar una situación que pone nervioso.

[25] **Rascarse:** tocarse de forma repetida y fuerte una parte del cuerpo o de la piel.

[26] **Parpadeo:** acción de abrir y cerrar los ojos repetidamente.

–¿No me quiere decir qué le ha parecido? –El tono del director es de enfado.

–Le pido paciencia. Pronto lo va a poder leer en el periódico, en unas horas.

–No me ha entendido. Quiero saberlo ahora.

–No puedo. No es ético.

La conversación va incrementando la intensidad. El crítico toma otra vez la palabra:

–Puede llegar a influirme de una u otra manera.

–No le voy a **coaccionar**[27], si es lo que **insinúa**[28].

–Si ya es difícil hacer una crítica honesta, con el autor al lado ya es imposible.

–¿Usted, señor Carlos Lafuente, se atreve a hablarme de ética?

–Mire, no tengo tiempo y no sé a qué se refiere.

El director se muestra cada vez más agresivo. El crítico sigue sentado. Tiene un texto que escribir y cada vez menos tiempo. En ese instante el director saca de su **bolsillo**[29] un papel. Parece ser una página de un periódico. Está en mal estado. Se la enseña al crítico y habla:

–Esto lo escribió usted hace siete años.

–Sí, recuerdo la obra, aunque no demasiado bien.

–Estaba empezando en la profesión y su crítica casi **arruina mi carrera**[30].

Por primera vez en la conversación el crítico se pone nervioso. Su voz suena diferente.

---

[27] **Coaccionar:** actuar para obligar a alguien a que diga o haga algo.

[28] **Insinuar:** dar a entender algo indicándolo ligeramente.

[29] **Bolsillo:** parte del pantalón, generalmente, que sirve para meter y guardar cosas.

[30] **Arruinar la carrera (de alguien):** causar el final de la trayectoria profesional de una persona.

–Creo que expliqué en todo momento por qué no me pareció un buen montaje.

–Escribió que era un teatro insoportable...

–Tiene que entender que todo criterio crítico es subjetivo. ¿Qué quería?

–¡Algo de humanidad! –grita el director. Su enfado ya es visible.

–Mire, tranquilícese, creo que este es un mal momento para discutir. Si quiere, pásese por el periódico un día de estos...

–Quiero saber qué piensa de la obra de esta noche.

–Lo que escribo no tiene tanta importancia. A pesar de aquella crítica ha seguido haciendo teatro y hoy el público le ha expresado su admiración. La representación ha sido un éxito. Uno de los mayores éxitos que yo he podido ver –se defiende el crítico.

–No le ha gustado y no quiere decírmelo. Hay muchos días de trabajo en este espectáculo.

–No lo dudo... Quería preguntarle algo. ¿Ha probado alguna vez a hacer una crítica? No es nada fácil.

–¿Y usted ha escrito teatro para opinar como lo hace?

–¿Soy menos profesional y peor crítico por no escribir teatro?

–Sí.

–Entonces no entiendo por qué le importa tanto mi texto.

Tras la frase pronunciada por el crítico, el silencio aparece en la pequeña sala del Teatro Español. El ordenador sigue encendido. El crítico ya ha dejado de escribir. Un minuto después, el director toma la palabra.

–Andrés Expósito. ¿Lo recuerda?

–Ahora mismo... no.

–Uno de los **secundarios**[31] de la obra que vio hace seis años... Dejó de actuar tras lo que escribió de él aquella noche. Entró en

---

[31] **Secundario, a:** actor o actriz que no ocupa un papel principal.

una depresión y cogió pánico al escenario. Desapareció. No supimos nada de él hasta hace un año.

–No me siento responsable.

–No quiero que se vuelva a repetir. Hay mucho en juego.

–Esto ya está pasando un límite. Déjeme escribir, por favor, ya tendremos tiempo en el futuro para hablar.

–Quería leer la crítica, pero ahora quiero escribirla.

La petición del director sorprende al crítico. Nunca en su larga trayectoria profesional alguien le ha pedido algo similar. No sabe cómo reaccionar.

–¿Escribirla? ¿Está usted loco?

–Sí. Escribirla. Sé de otros compañeros que lo hacen. Indirectamente, pero lo hacen.

–Eso es imposible.

–Le voy a decir qué es lo que le pasa. Es un **fracasado**[32]. Por eso escribe críticas. En realidad le gustaría estar donde estoy yo, dirigir, recibir los aplausos del público, triunfar...

–Tiene razón. Voy a reservarme mi opinión y no voy a escribir ni publicar la crítica.

–Váyase y déjeme escribir. En el pasado casi termina con mi trayectoria profesional. Me lo debe –exclama el director. El crítico piensa en cómo salir de una situación cada vez más complicada.

–Voy a llamar al periódico y decir que no me va a dar tiempo a enviar la crítica. Pueden poner una publicidad en el espacio que me tenían reservado.

–¿Ignorar mi montaje? Eso si que no...

–Pues déjeme escribir lo que tenía pensado.

–No. Va escribir mi texto, mis ideas...

---

[32] **Fracasado, a:** persona que fracasa, que obtiene un resultado diferente al deseado en sus proyectos.

A continuación se produce un silencio que rompe inesperadamente el crítico.

–Llevo siete años esperando este momento.

–¿Siete años? –pregunta sorprendido el director.

–Pocos días después de escribir la crítica de su espectáculo, recibí una **llamada de arriba**[33]. Alguien, un político, llamó por teléfono y el director de mi periódico reclamó mi presencia.

–El político era mi hermano. Le dije que no, pero...

–Entré al despacho de mi director y, por sorpresa, me cambió de sección, fui a la de música clásica. Tres meses interminables hasta que no pude más y me marché.

–No me siento responsable –manifiesta el director. La situación ha dado un giro inesperado.

–Ahora ha llegado mi momento. Mañana va a aparecer esta crítica, la va a leer mucha gente y su espectáculo terminó, final, ni presente ni futuro.

En ese momento la luz de la lámpara de la sala empieza a fallar. Vuelve y se va cada dos o tres segundos. El director vuelve a hablar. Las réplicas del crítico son instantáneas. Ambos están furiosos.

–Déjame decir la verdad sobre mi obra.

–Déjeme decir la verdad sobre su obra.

–Mi verdad.

–La mía.

–Mi éxito...

–Mi venganza...

Los dos personajes se quedan **cara a cara**[34]...

En ese momento se baja el telón y el espectáculo termina.

---

[33] **Llamada de arriba:** aviso procedente de un superior o de una persona de relevancia.

[34] **Cara a cara:** quedarse dos personas una delante de la otra, mirándose.

La situación no ha tenido lugar dentro del Teatro Español. Todo ha ocurrido durante una obra de teatro representada en una pequeña sala de **teatro alternativo**[35] de Madrid, en la calle **Naranjo 33**[36]. Cuarenta personas han visto la obra sentadas en el suelo. Los dos actores que han interpretado al crítico y al director salen a saludar. Los espectadores aplauden con fuerza.

Es la noche del estreno y la obra, definitivamente, ha entusiasmado.

---

[35] **Teatro alternativo:** tipo de teatro en el que predomina lo artístico sobre lo económico. Normalmente se representa en salas más pequeñas que el teatro comercial y tiene formatos más arriesgados.

[36] **Naranjo 33:** centro cultural artístico multidisciplinar situado en el barrio de Tetuán de Madrid.

DESPUÉS DE LA LECTURA

1. Decide si las afirmaciones que aparecen a continuación son verdaderas (V) o falsas (F).

	V	F
a. Al director le sorprende la presencia del crítico en el espectáculo....	☐	☐
b. Es la primera vez que Carlos Lafuente escribe una crítica sobre una obra de Pedro Cérber.	☐	☐
c. El director cree que al crítico le gustaría estar en su posición.	☐	☐
d. Carlos Lafuente está enfadado con Pedro Cérber.	☐	☐
e. Finalmente, el director cumple su objetivo.	☐	☐

2. Reflexiona junto a un compañero sobre la actitud del crítico y el director. ¿Por qué actúan así en la noche del estreno? ¿Quién crees que tiene la razón? Justifica la respuesta.

3. Lee el siguiente párrafo en el que el crítico explica cómo es el público que va al teatro en Madrid. Después, comenta en grupos cómo crees que es en tu país.

> "Los asistentes eran básicamente treintañeros de clase media-alta y mucha gente mayor, lo habitual. Me gusta el público de Madrid, tan cálido y abierto. Me encanta su forma de ir al teatro como quien va a una fiesta, sin darle demasiada importancia, y las largas conversaciones que se producen en los bares cercanos cuando termina la obra".

4. Uno de los protagonistas de «La noche del estreno» es crítico de teatro. Comenta con tu compañero las siguientes preguntas.

a. ¿Lees críticas normalmente? ¿De qué tipo?

b. ¿Te influyen a la hora de ver o comprar un producto?

5. A continuación tienes unas afirmaciones relacionadas con la crítica. Discute con el resto de la clase si son verdaderas o no.

a. Hay que pensar siempre en el lector.

b. El crítico debe saber de lo que habla, ser un especialista en el tema.

c. El autor tiene que usar siempre la primera persona.

d. La crítica es un análisis, no una descripción de lo visto o leído.

6. Aquí tienes un fragmento de una crítica de teatro de la obra *El castigo sin venganza*, de Lope de Vega*. Marca los aspectos positivos y negativos que señala el autor.

> *"(...) Es mérito de la joven compañía Rakatá rescatar 'El castigo sin venganza' de Lope de Vega de su olvido y haberlo montado con inteligencia. Ernesto Arias se revela como un buen director de actores: las virtudes de su montaje a la inglesa, sin artificios ni invenciones de puesta en escena, están en la interpretación desnuda de un texto donde poesía y acción psicológica se unen fantásticamente. Rodrigo Arribas hace que el desbordante 'tsunami' emocional que vive su personaje vaya por dentro. El reparto tiene buen nivel medio. Lo menos importante es el relato didáctico y la música cinematográfica. La escenografía, funcional, podía estar mejor en lo relacionado con el color y texturas. (...)".*

* Vallejo, J. (2011). Extracto adaptado de una crítica de teatro publicada en el diario El País.
http://www.elpais.com/articulo/madrid/Lope/despues/Lope/elpepiespmad/20110214elpmad_13/Tes

7. Después de haber leído «La noche del estreno», es tu turno de ejercer de crítico. Para ello, sigue los siguientes pasos:

A. Selecciona una obra de teatro en español que te gustaría ver.

B. Busca información sobre ella en Internet para tener un primer contacto.

C. Ve a verla y toma algunas notas.

D. Escribe una crítica intentando aplicar todo lo que has aprendido con las actividades previas.

Claves

ANTES DE LA LECTURA

2. Obra. C; Telón. A; Butaca. D; Estreno .F; Ensayo. E; Reparto. B.

DURANTE LA LECTURA

1. a. Le encanta su trabajo, el ritual que sigue los días de trabajo y escribir positivamente de los buenos espectáculos. Lo negativo es la posibilidad de recibir presiones para escribir bien de una obra y el haber conocido a Pedro Cérber.

b. Es cálido y entregado. Va al teatro como el que va a una fiesta, sin darle importancia. Cuando termina la función conversa sobre lo que ha visto en bares cercanos.

c. Ahora dirige las obras de una forma más pausada y relajada que antes. Ya no grita ni está tan encima de los actores. Todo cambió tras sufrir un amago de infarto.

d. Influyen en el futuro que pueda tener el espectáculo. Si las críticas son positivas atraen al público y si son negativas puede ocurrir lo contrario.

e. Al principio es de respeto profesional. Después, situaciones ocurridas en el pasado salen a relucir y su relación entre ellos se deteriora y se vuelve más tensa.

DESPUÉS DE LA LECTURA

1. a. V; **b.** F (hace siete años escribió sobre otro de sus espectáculos); **c.** V; **d.** V; **e.** F (no se sabe qué pasa finalmente).

5. a. V (sin lector no hay crítica); **b.** V (el autor debe saber de qué habla y cómo expresarlo); **c.** F (es recomendable no usar la primera persona. Lo importante es lo escrito, no el escritor); **d.** V (la crítica debe analizar lo visto o leído, si se limita a describirlo es una reseña).

7. La actividad está planteada para ser realizada en un contexto de inmersión. En el caso de que fuera así, el profesor puede plantear la realización de una crítica de una película de cine en lugar de una obra de teatro.

V

La Casa Carbonell

Miguel Ángel Albujer Lax[*]

 5

[*] *(Elche, 1976). Licenciado en Filología Hispánica, Máster en ELE por la Universidad de Alicante y profesor de lengua y cultura españolas. Comenzó su labor docente en Utrecht, Holanda. Actualmente combina la enseñanza con la coordinación académica y cultural del centro de estudios en el que trabaja. Cuenta con varias publicaciones de talleres audiovisuales de ELE.*

1. Mira la foto de la portada del relato: es la Casa Carbonell. Escribe una definición para estas palabras.

a. casa: ....

....

e. adosado: ....

....

b. edificio: ....

....

f. chalé: ....

....

c. bungaló: ....

....

g. palacio: ....

....

d. cabaña: ....

....

h. villa: ....

....

2. ¿Por qué crees que el relato se llama *La Casa Carbonell*?

a. Es una casa con fantasmas.

b. Es la historia de una venganza.

c. Los protagonistas viven en esta casa.

d. Allí se cometió un terrible crimen.

e. Los protagonistas nacieron en ella.

f. Es la casa más bella de Alicante.

Ahora, intenta explicar brevemente la historia según la opción que has elegido.

3. Esta historia se desarrolla en dos ciudades, Alicante y Alcoy. ¿Sabes dónde están? Busca en Internet un mapa de la provincia. ¿A qué ciudad corresponden estas afirmaciones?

a. Es la capital de la provincia de Alicante.

b. Los Moros y Cristianos de esta ciudad son Fiestas de Interés Turístico Internacional.

c. La Explanada es una avenida llena de palmeras al borde del mar.

d. Por esta ciudad pasan tres ríos y tiene muchos puentes.

e. Su Cabalgata de Reyes Magos es la más antigua de España.

f. Tiene un Museo de Belenes.

Álvaro y Yolanda paseaban por la **Explanada de España**[1]. Era sábado y había mucha gente en las terrazas de los bares, a la sombra de las palmeras. Hacía muy buen tiempo, soleado y sin nubes. Se sentaron en un banco frente al mar para descansar un rato. Era un día muy especial. Celebraban su sexto aniversario de novios. Álvaro era de Alicante, como toda su familia. Era un hombre de 32 años, alto, de pelo corto castaño y piel morena. Trabajaba como funcionario en Hacienda desde hacía ocho años, ya que aprobó la oposición muy joven. Yolanda era de Elda, una ciudad a cuarenta kilómetros de Alicante, pero su familia era de Murcia. Era una mujer de 30 años, bajita, delgada y morena, con media melena lisa. Antes trabajaba como administrativa en una compañía de exportación de calzado en Elda. Con la crisis, se quedó sin trabajo, como mucha gente. Estuvo más de seis meses en el paro, tiempo que aprovechó para **reciclarse**[2] haciendo algunos cursos de informática y seguir mejorando su inglés. Le costó mucho encontrar un buen puesto, pero ahora trabajaba en una oficina del centro y estaba bastante contenta.

Llevaban dos años viviendo juntos en Alicante. Se habían comprado un piso en el barrio de San Blas. No era especialmente grande, pero lo suficiente para ellos dos y, en el futuro, para un hijo. Ya tenían todos los electrodomésticos, pero todavía no

---

[1] **Explanada de España:** paseo marítimo con muchas palmeras. Está compuesto por seis millones y medio de teselas que dibujan un mosaico ondulado de colores rojo, azul y blanco.

[2] **Reciclarse:** hacer cursos de formación complementaria para actualizar los conocimientos.

habían comprado todos los muebles, solo los del salón y la habitación de matrimonio. Con la paga extra de verano comprarían el resto. Por el momento **se arreglaban**[3] con poco.

Continuaron caminando hasta el final de la Explanada. Allí se tomaron una **horchata**[4] bien fresca. Yolanda miró con curiosidad el edificio que tenían enfrente. Lo había visto muchas veces y le parecía uno de los más bonitos de la ciudad.

–Se llama la Casa Carbonell, y es uno de los edificios más **emblemáticos**[5] de aquí...

–¿Ah, sí? ¿Y qué tiene de especial? –respondió Yolanda con curiosidad.

–Bueno, está entre la playa y el puerto, frente al mar. Mucha gente lo considera el más bello de Alicante –le contestó Álvaro, orgulloso.

–Vaya, pues nunca me lo habías dicho… De todas formas, aquí hay muchos edificios bonitos…

–Sí, pero esta casa tiene una historia muy especial, ¿sabes? –respondió Álvaro con la intención de provocar el interés en Yolanda.

–¿Y tú la conoces?

–Claro… –le respondió con una sonrisa.

–Pues venga, cuéntamela, **soy toda oídos**[6] –interrumpió ella con ganas de escucharla.

–Vale, bueno la historia de esta casa empezó hace ya casi un siglo, en la ciudad de Alcoy y con un nombre propio, Enrique Carbonell...

***

---

[3] **Arreglarse:** apañarse o componerse, controlar una situación poco beneficiosa para lograr un fin.

[4] **Horchata:** bebida a base de chufas con agua y azúcar típica de la Comunidad Valenciana.

[5] **Emblemático, a:** representativo, simbólico.

[6] **Ser todo oídos:** escuchar con mucha atención.

Enrique Carbonell era un importante empresario textil de Alcoy, una ciudad al norte de Alicante. Era un hombre de unos cincuenta años, con algunas canas, alto y fuerte, aunque también con algunos kilos de más. Siempre llevaba sus gafas de pasta negra y ropa muy elegante. Gozaba de una buena posición económica. Tenía varias fábricas dedicadas a la producción de todo tipo de tejidos a las afueras de Alcoy. Vivía con su familia en una casa del centro, en la calle San Nicolás, al lado de la **Casa del Pavo**[7].

Alicia, su esposa, se dedicaba a las labores del hogar y al cuidado de su única hija, Consuelo. Era una mujer de 47 años, bajita, delgada y con el pelo teñido de rubio. Era una señora muy amable con todo el mundo y sus vecinos la adoraban. Normalmente no trabajaba, pero le **echaba una mano**[8] a Enrique con la contabilidad de las fábricas. La niña tenía 10 años, era muy alta para su edad, pero estaba muy delgada a causa de una enfermedad respiratoria que sufría desde hacía varios años. Su salud era muy delicada y a menudo tenía problemas para respirar. Su madre había aprendido a vivir siempre pendiente de la salud de su niña, aunque nunca perdía la sonrisa.

Un día Consuelo se puso muy enferma y la llevaron a la clínica de su amigo, el doctor Sarrià. Tenía fiebre y respiraba con dificultad. Sus padres nunca la habían visto así. Estaban muy preocupados por su salud. Después de reconocerla, el médico habló con ellos.

–La enfermedad de su hija no es grave, pero este clima no es bueno para ella. Deberían vivir en la costa, con temperaturas más suaves y más humedad. Además, necesita unos cuidados especiales que aquí no podemos ofrecerle –dijo el doctor.

–¿Cree usted que debemos vivir en Alicante? ¿Mi hija

---

[7] **Casa del Pavo:** edificio modernista de la ciudad de Alcoy de principios del siglo XX.
[8] **Echar una mano:** ayudar.

mejorará con el clima de esa ciudad? –contestó Enrique, un poco nervioso.

–No se preocupe. Consuelo debe continuar su tratamiento, pero su salud mejorará con el tiempo si vive en un clima como el que tiene la ciudad de Alicante –dijo Sarrià.

–Ojalá sea así, ojalá –dijo Alicia cogiendo la mano del doctor.

Sin pensarlo dos veces, Enrique y su familia volvieron a casa y empezaron a preparar el viaje. Habían decidido estar una larga temporada en Alicante. Sacaron las maletas del **trastero**[9] y subieron al piso de arriba a recoger lo necesario: ropa, zapatos, bolsa de aseo y medicamentos. A los treinta minutos ya habían cerrado todas las ventanas y habían salido a la calle. Al entrar en el coche, Enrique miró con resignación cómo su mujer cerraba la puerta principal. Permaneció quieto por un momento, pensativo.

Alicia entró en el coche y cerró la puerta. Miró hacia atrás. Consuelo estaba sentada, seria. Sus miradas se cruzaron y ambas se sonrieron. Como Enrique no decía nada, Alicia le preguntó si pensaba que habían olvidado algo, pero él le contestó que no. Arrancó el coche.

–Enrique, dime algo, estás muy callado –le dijo Alicia, preocupada.

–No pasa nada, es que mi niña…, ella y tú sois lo más importante en mi vida –contestó con gesto serio.

–Lo sé, pero todo va a salir bien y cuando volvamos a casa, todo será diferente. Nuestra hija estará sana y feliz –le dijo Alicia, acariciándole la mano.

***

---

[9] **Trastero:** habitación que guarda cosas que no se usan con frecuencia o no sirven para nada.

Cogieron la calle San Nicolás en dirección al barrio de Santa Rosa, donde vivían algunos de sus familiares. Pasaron por el Puente de Cristina, uno de los muchos puentes que tenía Alcoy, una ciudad cruzada por tres ríos. Llegaron a casa del hermano de Enrique. Allí hablaron con los familiares que iban a encargarse de mantener la casa y cuidar de los animales. Después de despedirse, volvieron a subir al coche. Para salir en dirección a Alicante tuvieron que dar un rodeo porque muchas calles estaban cortadas al tráfico, ya que en estos días se estaban celebrando las fiestas de **Moros y Cristianos**[10]. Todo el mundo esperaba con ilusión la llegada de su gran festividad y Enrique y su familia participaban en ella todos los años. Les encantaba disfrutar de los desfiles de las *filaes*[11] que cruzaban toda la ciudad. Las calles se llenaban de alegría, música y color, un ambiente que se respiraba por cada rincón de la localidad. Después todos se iban a cenar *olleta alcoiana*[12] y continuar la fiesta **hasta las tantas**[13].

Tomaron la carretera comarcal y dejaron atrás Alcoy, a su gente y su fiesta. La familia Carbonell se puso en marcha hacia la capital con las maletas llenas de esperanza.

De pronto el cielo se nubló y comenzó a llover. Circulaban por una carretera de montaña en mal estado y con muchas curvas. Cada vez llovía más fuerte y Enrique casi no podía ver nada. Aunque no iba muy rápido, perdió el control del vehículo y se salió de la carretera. Chocaron contra un árbol. Por suerte, todos salieron **ilesos**[14]. Enrique se había roto la camisa con los cristales de la ventanilla y tenía algunas manchas de sangre.

---

[10] **Moros y Cristianos:** fiesta de larga tradición en Alcoy y otras ciudades que conmemora la conquista de España por los musulmanes y la posterior reconquista por los cristianos.

[11] *Filaes:* grupos de comparsas que componen los desfiles de las fiestas de Moros y Cristianos, que pueden pertenecer al bando moro o al bando cristiano.

[12] *Olleta alcoiana:* tipo de guiso hecho a base de alubias.

[13] **Hasta las tantas:** hasta muy tarde.

[14] **Ileso, a:** sin daños, sin lesiones.

Alicia y Consuelo estaban en perfecto estado. Solo sufrieron heridas leves y unos pequeños cortes, pero nada grave. En cambio, el motor del coche echaba humo y una de las ruedas estaba **pinchada**[15]. **Llovía a cántaros**[16] cuando decidieron salir a buscar ayuda. Pronto encontraron algunas casas. Una familia les abrió la puerta y les dio toallas para secarse y un café con leche para entrar en calor. A Consuelo le ofrecieron una taza de chocolate caliente. Mientras hablaban sobre el accidente, dejó de llover, momento que aprovecharon para mirar el estado del coche. Repararon el problema del motor y cambiaron la rueda. Enrique y su familia agradecieron toda la ayuda recibida y se despidieron. Quedaba poco para llegar a la capital.

***

Era muy tarde, serían las dos o las tres de la mañana cuando llegaban al Hotel Palace, uno de los mejores de la ciudad. En principio iban a alojarse en él una semana y habían reservado una habitación para los tres. Bajaron del vehículo y cogieron su equipaje. Estaban mojados y agotados, tenían frío y hambre. Solo querían darse una ducha caliente, cambiarse de ropa y descansar hasta el día siguiente, que tenían cita con un médico, amigo del doctor Sarrià. En la puerta del hotel un hombre los paró antes de entrar en el vestíbulo y después se dirigió a la recepción. Allí hizo una llamada y en cuestión de segundos apareció un hombre de mediana edad, moreno, con el pelo **engominado**[17] y una falsa sonrisa. Seguramente sería el director o el gerente del establecimiento.

Enrique no entendía nada de lo que estaba sucediendo. El señor González, el director del hotel, muy amablemente, les dijo que no tenían habitaciones disponibles en ese momento.

---

[15] **Pinchado, a:** del verbo *pinchar*, perder el aire por un agujero.

[16] **Llover a cántaros:** llover muy fuerte, intensamente.

[17] **Engominado, a:** con gel fijador en el pelo.

Les invitó a buscar otro alojamiento. Al principio la familia Carbonell intentó explicarle que tenían una reserva y que habían sufrido un accidente, sin embargo, el director no parecía escucharlos. Fue entonces cuando se dieron cuenta de lo que pasaba. Aquel señor tan elegante no quería alojarlos en su hotel. Había confundido a la familia Carbonell con personas **sin recursos**[18]. El Hotel Palace era un lugar muy selecto de la ciudad y el señor González no podía admitir a cualquiera en sus habitaciones, solo la gente de clase alta.

Enrique estaba tan sorprendido como su mujer y su hija. Se sentía humillado. No quiso discutir con el gerente ni poner una reclamación, así que tomó sus cosas y se marchó de allí. Alicia cogió de la mano a Consuelo y lo siguieron. Fueron al **Paseo de la Reina**[19] y allí encontraron un hostal para pasar la noche. Una vez se instalaron, Consuelo se metió en la cama y se durmió enseguida. Alicia preparó un baño e intentó hablar con Enrique. Sabía que él no paraba de pensar en lo que había sucedido en el hotel.

–Tal vez el gerente del hotel nos ha confundido con gente de clase baja, sin recursos. Íbamos mojados, con la ropa rota y sucia. No pasa nada, Enrique. Olvídalo, vamos a descansar y mañana será otro día –dijo Alicia mientras se daba el baño.

Él no decía nada y ella dejó de insistir. Enrique ni podía ni quería hablar. Lo dejó en el baño, se puso un camisón y se acostó. Al rato oyó cómo Enrique se sentaba en una silla. Estaba mirando por la ventana las pequeñas gotas de lluvia que resbalaban por el cristal. Alicia se quedó dormida. Enrique suspiró profundamente. El primer día en Alicante había sido horrible y pensaba que tal vez se habían equivocado.

***

---

[18] **Sin recursos:** sin dinero.

[19] **Paseo de la Reina:** nombre que recibía la actual Rambla de Méndez Núñez.

Amanecía en Alicante y Enrique ya se había levantado. Eran casi las siete. Parecía que el día iba a estar despejado, sin nubes, aunque hacía un poco de frío. Su mujer y su hija estaban durmiendo, así que se vistió sin hacer ruido y salió de la habitación. Estuvo un buen rato caminado por el Paseo de la Reina hasta que encontró un lugar abierto para tomarse un café. Era muy pequeño y acogedor, lleno de fotos de la ciudad en blanco y negro. Solo había un camarero y el **sereno**[20] que acababa de terminar su turno de trabajo. Pidió un café con leche y unos churros. Estaban recién hechos. Cogió el periódico y se puso a leer los titulares mientras se enfriaba un poco el desayuno. Nada llamó su atención en principio. De repente vio una noticia que le gustó mucho. Su cara cambió completamente. Estaba sorprendido, alegre, casi entusiasmado. Después de pagar, salió a la calle con una amplia sonrisa en la cara. El sol había salido completamente. Para Enrique, Alicante brillaba en ese momento de forma especial.

Cuando llegó al hostal, Alicia estaba ayudando a Consuelo a vestirse. Tenían cita a las once con un médico, el doctor Peñalver, que iba a tratar a Consuelo durante su estancia en Alicante. Conocía bien el diagnóstico de la niña y el tratamiento que seguía con su colega, el doctor Sarrià. Era un día importante porque iban a hablar con un nuevo médico y a empezar con un nuevo tratamiento. Toda la familia tenía grandes esperanzas.

---

[20] **Sereno, a:** persona que era responsable de vigilar las calles por la noche.

1. Ya conocemos a Álvaro y a Yolanda. Decide si estas informaciones son verdaderas (V) o falsas (F). Después compara tus respuestas con las de un compañero.

V   F

a. Álvaro y Yolanda celebraban su sexto aniversario de novios. .... ☐ ☐

b. Él es mayor que ella. .... ☐ ☐

c. Llevan dos años casados. .... ☐ ☐

d. Él es de Alicante y ella de Alcoy. .... ☐ ☐

e. Álvaro trabaja como funcionario de Hacienda. .... ☐ ☐

f. Yolanda trabaja en una oficina de exportación de calzado. .... ☐ ☐

2. Álvaro empezó a contarle a Yolanda la historia de la Casa Carbonell. Contesta a estas preguntas sobre la familia Carbonell.

a. ¿Cómo se llamaban los miembros de la familia Carbonell?

b. ¿A qué se dedicaba el padre de familia?

c. ¿Dónde vivían?

d. ¿Qué problemas de salud tenía la hija?

e. ¿Cuáles fueron las recomendaciones del doctor Sarrià?

f. Tras el accidente, ¿qué pasó cuando llegaron al Hotel Palace?

3. Enrique leyó una noticia en el periódico y se puso muy contento. ¿Qué crees que decía? Aquí tenéis algunas ideas.

a. Nueva carretera que unirá Alcoy y Alicante.

b. Número ganador del sorteo de la Lotería Nacional.

c. Nuevo medicamento para enfermedades respiratorias.

d. Hotel Palace cierra por bancarrota.

e. Incendio en el Hotel Palace.

4. En parejas, escribid una breve noticia. Después, presentadla al resto de compañeros. ¿Cuál ha sido la opción más elegida?

Yolanda había estado escuchando la historia con muchísima atención. Estaba sorprendida porque su novio conocía muchos detalles sobre la familia Carbonell. Álvaro tenía un cariño muy especial por su ciudad y, en concreto, por aquella casa. De pequeño, su padre Emilio le contaba muchas historias, entre ellas, las que había oído de su madre Manuela, la abuela de Álvaro. Ella había conocido en persona a Enrique Carbonell. Además, la mayoría de alicantinos conocía esa historia que, con el paso del tiempo, se había convertido en una leyenda más de Alicante.

Se levantaron y, después de pagar, siguieron caminando un rato más. Era pronto para comer. Normalmente comían sobre las tres los fines de semana. Entre semana, como tenían jornada partida, comían a las dos más o menos. Cruzaron la avenida y se dirigieron hacia la **playa del Postiguet**[21]. Los **chiringuitos**[22] estaban llenos de gente en bañador, tomando cañas y tapas. Había tantas sombrillas que casi no se podía ver la orilla del mar. Allí se sentaron en un banco. Álvaro continuó con la historia mientras Yolanda lo miraba con admiración.

***

Ya había pasado más de un año desde que llegaron a Alicante y la salud de la joven Consuelo había mejorado muchísimo. La niña tenía algunos kilos más, se fatigaba menos y dormía mejor. Dejó de

---

[21] **Playa del Postiguet:** playa principal de la ciudad de Alicante.
[22] **Chiringuito:** pequeño bar en la playa.

utilizar *spray* y **bálsamos**[23] caseros que le preparaba su madre. Su aspecto exterior era reflejo de su bienestar interior y eso también se notaba en sus padres, que sonreían al ver a su hija casi recuperada.

Habían alquilado un piso en el centro con todas las comodidades posibles. Tenía unas ventanas enormes por las que entraba el sol y la suave brisa del mar. Alicia se encargaba de llevar a su hija al especialista y acompañarla a la escuela. Mientras tanto, Enrique se dedicaba a **mantener a flote**[24] la empresa familiar. Tenía que ir a menudo a Alcoy. A veces pasaba mucho tiempo fuera de casa, pero era necesario. Además empezó a llevar a cabo su actividad profesional también en la capital, con una pequeña tienda de telas en el Paseo de la Reina.

Un día, después de cenar, ambos se sentaron en el sofá del salón mientras disfrutaban de un vasito de **café licor**[25]. Alicia sabía que su marido estaba trabajando en un proyecto nuevo en Alicante, pero poco más y sentía mucha curiosidad. Ella solía tomar parte en las decisiones de la empresa Carbonell. Enrique le confesó cuáles eran sus nuevos planes. El día que llegaron a la ciudad se sintió humillado y a la vez frustrado por lo que había ocurrido en el Hotel Palace. Al día siguiente había leído en el periódico que se vendía el **solar**[26] en el que antes estaba el antiguo Mercado. Curiosamente, el solar se encontraba justo al lado del hotel. No se lo pensó dos veces e invirtió en esos terrenos para esperar el momento adecuado y construir allí un edificio.

Alicia estaba sorprendida y no entendía muy bien por qué su marido quería edificar en Alicante. Pensaba que su intención era fijar allí su residencia y no volver a Alcoy. Enrique siguió explicándole su proyecto.

---

[23] **Bálsamo:** medicamento que se aplica en la piel.

[24] **Mantener a flote:** intentar mantener a salvo, fuera de peligro.

[25] **Café licor:** bebida espirituosa a base de café típica del norte de Alicante, especialmente de Alcoy y sus fiestas.

[26] **Solar:** superficie o terreno donde se va a edificar o se ha edificado.

–No, no es eso, cariño, escúchame. La idea es construir el edificio más bonito de toda la ciudad, un edificio de cinco plantas, grande, bello y elegante. Un símbolo de modernidad y buen gusto que haga sombra al Hotel Palace –dijo Enrique.

–Pero lo haces por venganza, ¿no? Enrique, lo que pasó aquella noche fue un incidente lamentable que es mejor olvidar, yo ya lo he hecho, pero tú no… –comentó Alicia, con cara de preocupación.

–No, no lo he olvidado, por eso quiero que el nuevo edificio sea mejor que el Hotel Palace. –Esa será mi venganza contra aquellas personas que nos humillaron. Alicia, no te enfades, no te he dicho nada porque quería esperar el momento adecuado. Sabes que siempre cuento contigo para todo, pero esta vez necesito que me entiendas y que me apoyes –concluyó, ante la sorpresa de su esposa.

Alicia no estaba de acuerdo con ese sentimiento de venganza y ambición que tenía su marido, pero finalmente lo apoyó en su proyecto. Este fue el primer paso en la construcción del edificio soñado por Enrique, edificio que todo el mundo conocería como la Casa Carbonell. Contactó con el arquitecto **Juan Vidal Ramos**[27], el mismo que estaba diseñando el Mercado Central y que, después de la Casa Carbonell, se convertiría en uno de los más importantes de la ciudad.

Las obras se iniciaron al año siguiente. En poco más de dos años ya estaba casi terminada. De color blanco y estilo modernista, con grandes ventanas que miraban al mar, dos cúpulas en lo más alto y dos pequeñas torres a los lados, la Casa Carbonell se había convertido en todo un símbolo de la ciudad.

***

---

[27] **Juan Vidal Ramos:** arquitecto alicantino responsable de las edificaciones más importantes de la ciudad del siglo XX.

En la construcción del edificio se utilizaron los mejores materiales de la provincia. Enrique, en persona, supervisó todo el proceso. Los suelos eran de **mármol**[28] de Novelda y las alfombras de Crevillente. Los muebles los hicieron en Villena y las mejores piezas de cerámicas llegaron desde Agost, todos pueblos de los alrededores. Todo era poco para el señor Carbonell. El día que se eligió para la inauguración fue el 15 de octubre de 1924, día en que la joven Consuelo cumplía dieciséis años. Ese fue su regalo. La hija de Enrique estaba muy emocionada. Para el evento llevaba un traje hecho a medida. Se lo había confeccionado una mujer de confianza de la familia, que ayudaba a su madre en casa. Era un traje por la rodilla de color rosa salmón, con un cinturón rojo y un gran lazo detrás. Estaba muy guapa. Consuelo había superado su enfermedad gracias al clima y los tratamientos recibidos. Parecía toda una mujer. Se había adaptado muy bien a su nueva vida en la capital y había hecho muchas amigas en su escuela.

Todo estaba preparado. Las personas más importantes de la ciudad estaban invitadas al cóctel de recepción que se celebraría en el vestíbulo, pero la entrada era libre y todo el mundo podía mirar el interior del edificio. La gente se paraba en el **Paseo de los Mártires**[29] para contemplar la belleza de aquel edificio que ocupaba 881 metros cuadrados. Los invitados llegaban mientras Enrique recibía a los altos cargos de la ciudad. Se respiraba un ambiente muy **distendido**[30], con murmullos y sonido de copas brindando de fondo. Todo estaba saliendo a la perfección.

En un momento concreto de aquella velada, Enrique miró con atención la puerta principal. Alguien estaba entrando, alguien

---

[28] **Mármol:** roca que, tras ser pulida, se utiliza en la construcción, especialmente en baños, cocinas y suelos.
[29] **Paseo de los Mártires:** nombre que recibía la Explanada de España antes de su construcción.
[30] **Distendido, a:** relajado.

que conocía muy bien. Era el señor González, propietario del Hotel Palace, y ahora su vecino. Fue a recibirlo junto con su esposa. Todo eran **halagos**[31] sobre el buen gusto que habían tenido para decorar el edificio. Ambos notaron en el tono de voz del director del hotel cierta envidia. La diferencia entre la Casa Carbonell y el Hotel Palace era más que evidente y esto había molestado al empresario hostelero. En cambio, Enrique agradeció la visita y le invitó a tomar algo mientras se preparaba para hablar ante todos los invitados.

Varios medios de comunicación **se hicieron eco**[32] de la inauguración y estaban sacando fotos por todo el recinto y entrevistando a algunas de las personalidades que habían acudido a la cita. De pronto, se hizo un largo silencio. Enrique estaba preparado para hablar. Su discurso se dirigía principalmente a agradecer el gran apoyo de su familia y de las instituciones de la ciudad que habían colaborado en el proyecto. Recibió un gran aplauso de todos los asistentes. Enrique estaba muy emocionado, pero todavía no había terminado su discurso. Quedaba lo más importante.

***

---

[31] **Halago:** cumplido, piropo.
[32] **Hacerse eco (de algo):** contribuir a la difusión de una noticia.

–Hace varios años que llegué a Alicante –relató Enrique a todos los presentes-, una ciudad que me ha tratado muy bien. Vine con mi familia porque mi hija necesitaba un clima como el de aquí y unos cuidados especiales para superar su enfermedad. Gracias a Dios, todo ha ido perfectamente y ahora mi hija Consuelo goza de muy buena salud. Toda la familia nos hemos adaptado a nuestra nueva casa y a nuestra nueva vida aquí. No hemos olvidado que Alcoy es la ciudad que nos vio nacer y siempre estará en nuestro corazón, pero hoy, hoy en concreto, me gustaría decir que me siento alicantino. Es curioso, pero el primer día que llegamos a la ciudad, sufrimos un incidente lamentable. Era muy tarde, llovía y, como nuestro vehículo se había estropeado, estábamos mojados, sucios y cansados. Llegamos al Hotel Palace, famoso por su elegancia y buena **reputación**[33]. Tal vez hoy no pasaría lo mismo porque nuestro aspecto no es el mismo que en aquella ocasión, pero ese día mi familia y yo fuimos sutilmente invitados a abandonar el hotel por nuestro aspecto. Un prejuicio que nos **dejó muy mal sabor de boca**[34].

Sergio González se había quedado sin palabras. Todos los presentes allí le miraban fijamente. No sabía qué hacer y su expresión fue cambiando, de la sorpresa a la humillación. Bajó la cabeza y salió del vestíbulo, pero Enrique lo llamó. Quería terminar su discurso.

–No se vaya, por favor, quédese y escuche lo que tengo que decir. No quiero vengarme, ni hacerle pasar a usted un mal momento –dijo el señor Carbonell–. Sí, lo acepto, la idea original era simple: construir un edificio mejor que el Hotel Palace, el más bello de la ciudad. Ahora todo es diferente. No. No quiero vengarme, no quiero hacerle daño…, solo quiero hacer algo por Alicante. Hoy, pasado ya el tiempo, quiero presentarles a todos

---

[33] **Reputación:** fama.

[34] **Dejar mal sabor de boca:** terminar con una mala impresión.

ustedes la Casa Carbonell, un edificio sin prejuicios, que no juzgará a nadie que entre por su puerta, un lugar donde todos serán bienvenidos y jamás serán discriminados por su aspecto o cualquier otra circunstancia personal o material. La Casa Carbonell nace para embellecer esta ciudad, para ser símbolo de la modernidad y el respeto. Así quiero que todos la entiendan –explicó Enrique con una gran sonrisa–. Quiero decir algo más. Hoy es el cumpleaños de mi hija Consuelo, ¡feliz cumpleaños, cariño! Espero que te guste mi regalo –dijo mirando a su hija que estaba entre el público–. Y tú, Alicia. Muchas gracias por todo. Has sido mi compañera de viaje en este proyecto y todo esto ha sido posible gracias a ti. Has sido la voz de mi conciencia. Te quiero –dijo muy emocionado–. Señores y señoras, muchas gracias y buenas noches –concluyó Enrique.

Consuelo se acercó y le dio un abrazo. Después Alicia le dio un beso. Los invitados aplaudieron entusiasmados. Enrique Carbonell levantó su copa y todos brindaron.

***

Álvaro terminó su relato. Yolanda estaba encantada. Ninguno de los dos se había dado cuenta de la hora que era. Llegaron a la Plaza del Mar y cogieron el autobús número 5 para ir a casa. Tenían que arreglarse para ir de cena por la noche. Querían celebrar sus seis años de novios en un restaurante pequeño y acogedor del Barrio del *Raval Roig,* conocido por su tradición marinera y sus buenos restaurantes. Álvaro insistió en hacer él mismo la reserva.

De camino a casa, Yolanda le preguntó qué le había pasado al Hotel Palace. Álvaro le contestó que, años después de la inauguración, el Hotel Palace sufrió un terrible incendio que destruyó casi todo el edificio, dejando en pie solo la fachada. Las causas no quedaron claras y no se pudo determinar si fue un problema eléctrico o un incendio provocado. Evidentemente muchos señalaron a Enrique como sospechoso, por su enemistad con el señor González, pero no aparecieron pruebas en su contra y el caso **se archivó**[35] sin más. El inmueble cambió de dueño y hoy en día es la sede de la Cámara de Comercio de Alicante. Fue inaugurada en el año 2009 y conserva la fachada original. Está restaurado y es un edificio moderno y muy bonito, pero la Casa Carbonell sigue siendo la más bella de la ciudad.

Ya en casa, Yolanda continuaba dándole vueltas a la historia. Se preguntaba por qué Álvaro era capaz de narrarlo todo con tanta precisión.

–Bueno, es que no te he dicho que mi abuela Manuela, la madre de mi padre, trabajó para la familia Carbonell como asistenta. Esa es la razón. ¿Sabes una cosa? Fue ella quien hizo el traje de Consuelo para la inauguración de la Casa Carbonell. De pequeño pasé muchas horas entre aquellas paredes, jugando con mis hermanos. Recuerdo los días en que veía anochecer desde

---

[35] **Archivarse:** cerrarse.

la terraza, junto a las cúpulas. Las vistas sobre la ciudad y el mar eran increíbles. No me cansaba de estar allí y mirar los diferentes colores que lo teñían todo.

Yolanda corrió a darle un beso. Le encantaba ver a su chico hablando con tanto romanticismo. Los dos se miraron y sonrieron. Entonces Álvaro le dijo a Yolanda que si quería, podían ir a la Casa Carbonell antes de cenar, para verla por dentro y subir a la **azotea**[36]. Ella no contestó con palabras, sus ojos llenos de un brillo especial respondieron a esa maravillosa invitación; no sabía que Álvaro había preparado algo muy especial para ella.

Por la tarde empezaron a arreglarse para salir a cenar. Álvaro llamó al restaurante para confirmar la reserva. Fueron a pie hasta el número 1 de la Explanada, donde se encontraba la puerta principal de la Casa Carbonell. Subieron a la azotea. Entre las dos cúpulas había una cena preparada para dos. Yolanda no se lo podía creer y se puso a llorar de alegría. Álvaro no había hecho ninguna reserva, sino que había hablado con sus amigos para organizar una cena en secreto. La llamada de antes era para confirmar que todo estaba listo. Era una persona muy romántica y eso le encantaba a Yolanda. Por esta razón pensó que por la mañana le contaría la historia de la Casa Carbonell y por la tarde la invitaría a verla por dentro antes de cenar.

Se asomaron para ver la bahía de Alicante. Las vistas eran espectaculares. Hacía muy buena noche, con una brisa fresca y las luces del puerto de fondo. Todo estaba saliendo como Álvaro lo había planeado. Empezaron a cenar. Un par de camareros les sirvieron una copa de vino. Brindaron por sus seis años juntos. Yolanda le dio su regalo, un precioso reloj. Álvaro esperó al final

---

[36] **Azotea:** terraza superior de un edificio.

de la cena para darle su regalo, una pequeña caja. Yolanda estaba muy nerviosa. Cuando la abrió descubrió que había un anillo dentro.

–¿Quieres casarte conmigo? –preguntó Álvaro.

Yolanda sonrió y, con lágrimas en los ojos, le contestó que sí.

1. Ahora que ya conoces la historia de *La Casa Carbonell* te volvemos a presentar la actividad 2 de "Antes de la lectura" y señala la que más se ajusta a la historia.

a. Es una casa con fantasmas.

b. Es la historia de una venganza.

c. Los protagonistas viven en esta casa.

d. Allí se cometió un terrible crimen.

e. Los protagonistas nacieron en ella.

f. Es la casa más bella de Alicante.

2. Decide si las afirmaciones que aparecen a continuación son verdaderas (V) o falsas (F).

	V	F
a. La abuela de Álvaro había conocido en persona a Enrique Carbonell.	☐	☐
b. Enrique abrió una tienda de telas en Alicante, pero continuaba con su actividad profesional en Alcoy.	☐	☐
c. Alicia no estaba de acuerdo con su marido y su idea de vengarse del director del Hotel Palace.	☐	☐
d. La Casa Carbonell se inauguró el 15 de octubre porque ese día era el cumpleaños de su mujer.	☐	☐
e. La Casa Carbonell se construyó como símbolo de la modernidad y el respeto.	☐	☐
f. El Hotel Palace sufrió un incendio que fue provocado.	☐	☐

3. Sustituye las palabras en negrita de estos fragmentos del relato por otras que expresen lo mismo. Si tienes dudas, puedes consultar en un diccionario.

a. Yolanda estuvo más de seis meses **en el paro** (página 103).

b. Sin pensarlo dos veces, Enrique y su familia volvieron a casa y **empezaron** a preparar el viaje (página 106).

c. **Pasaron por** el Puente de Cristina, uno de los muchos puentes que tenía la ciudad (página 107).

d. En principio iban a **alojarse** en él una semana y habían reservado una habitación para los tres (página 108).

e. Enrique estaba tan sorprendido como su mujer y su hija. Se sentía **humillado** (página 109).

f. Enrique, además, empezó a **llevar a cabo** su actividad profesional también en la capital con una pequeña tienda de telas (página 113).

4. La provincia de Alicante tiene muchos sectores industriales. Une cada ciudad con el sector que más le caracteriza. En caso de duda, consulta en Internet.

1. Jijona ●		● **a.** Muebles
2. Agost ●		● **b.** Gamba roja
3. Villena ●		● **c.** Turrón
4. Crevillente ●		● **d.** Calzado
5. Elda ●		● **e.** Juguetes
6. Denia ●		● **f.** Alfombras
7. Ibi ●		● **g.** Cerámica
8. Novelda ●		● **h.** Mármol

5. El Hotel Palace sufrió un terrible incendio. En parejas, pensad cuál fue la causa y explicadla a la clase.

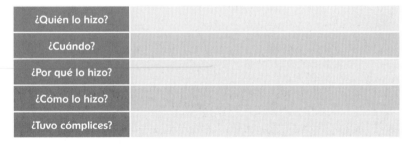

¿Quién lo hizo?	
¿Cuándo?	
¿Por qué lo hizo?	
¿Cómo lo hizo?	
¿Tuvo cómplices?	

6. Álvaro le preparó a Yolanda una cena muy romántica para pedirle matrimonio. ¿Cómo crees que sigue la historia? En grupos, imaginad el futuro de Álvaro y Yolanda y escribid la continuación del relato.

7. ¿Te ha gustado la historia de *La Casa Carbonell*? ¿Existe alguna historia o leyenda similar en tu ciudad o país sobre una casa? Coméntalo con tus compañeros de clase.

Claves

ANTES DE LA LECTURA

3. Alicante: a, c, f. Alcoy: b, d, e.

DURANTE LA LECTURA

1. Verdaderas: a, b y e. Falsas: c, d y f.

2. a. Enrique, Alicia y Consuelo; **b.** Era un empresario textil; **c.** En Alcoy, en la calle San Nicolás; **d.** Tenía problemas respiratorios; **e.** Ir a vivir a Alicante porque tenía un clima mejor para la salud de la hija, más húmedo y con temperaturas más suaves; **f.** El director no les permitió entrar, pensaba que eran personas de clase social baja, sin recursos.

DESPUÉS DE LA LECTURA

1. Opción b.

2. a. V; **b.** V; **c.** V; **d.** F; **e.** V; **f.** F.

3. a. En el paro: desempleada, sin trabajo; **b.** empezaron: comenzaron; **c.** pasaron por: cruzaron; **d.** alojarse: quedarse; **e.** humillado: indignado; **f.** llevar a cabo: desarrollar.

4. 1. c; **2.** g; **3.** a; **4.** f; **5.** d; **6.** b; **7.** e; **8.** h.

VI

La estación de mi fantasma

Belén Martín-Ambrosio Francès[*]

 6

[*] (Madrid, 1984). Licenciada en Filología Hispánica por la UAM y Máster en Enseñanza de ELE por la UNED. Desde 2007 vive en Grecia, donde trabaja como profesora de ELE.

1. El relato está situado en la ciudad de Madrid. ¿Qué sabes sobre ella? Busca información en Internet sobre su localización, población, historia, peculiaridades... Después, responde si estas afirmaciones son verdaderas (V) o falsas (F).

                                                   V F

a. La capital de España es Barcelona. ☐ ☐

b. En Madrid está situado el kilómetro cero de las carreteras españolas. ☐ ☐

c. En Madrid hace mucho frío en invierno y temperaturas suaves en verano. ☐ ☐

d. La palabra Madrid viene del árabe y significa 'madre de aguas'. ☐ ☐

e. El escudo de Madrid representa a un oso y un manzano. ☐ ☐

f. La ciudad fue bombardeada durante la Guerra Civil. ☐ ☐

2. Busca información sobre el Metro de Madrid y responde:

a. ¿Cuándo fue inaugurado?

b. ¿Cuántas estaciones tiene?

c. Si se considera el octavo metro del mundo, ¿cuáles pueden ser los siete primeros?

Descarga un plano del metro, y localiza las estaciones de Bilbao e Iglesia, en la línea 1, de color azul claro. Te serán útiles para comprender la historia que vas a leer.

3. Relaciona los siguientes hechos históricos con sus fechas.

1. Guerra Civil española.   •   • **a.** 1939 – 1975
2. Franquismo.   •   • **b.** 1996 – 2004
3. Zapatero (PSOE), Presidente del Gobierno. •   • **c.** 1936 – 1939
4. Transición democrática.   •   • **d.** 1985
5. Entrada de España en la Unión Europea. •   • **e.** 2004 – 2011
6. Gobierno de Aznar (PP).   •   • **f.** 1975 – 1985

4. Señala las palabras desconocidas y completa la lista.

a. El metro: línea, estación, plano, vagón, andén, parada, pasillo, corredor, azulejo, taquilla, taquillero, ventanilla...

b. La ciudad: plaza, barrio, calle, callejuela, edificio, parque, estadio, mercadillo, museo, aeropuerto, estación, librería, pastelería, estanco...

c. El tabaco: estanco, cerilla, mechero, encendedor, cigarrillo, cajetilla, paquete, filtro, mentolado, liar, papel de fumar...

Cada vez que cojo la línea 1 del metro de Madrid, recuerdo cuando era pequeño y mi padre me contaba la historia de la Estación Fantasma. Como mi madre estaba enferma y se pasaba los fines de semana en la cama, quejándose de sus dolores (y de hecho ese había sido su nombre: Dolores), teníamos la costumbre de irnos él y yo a pasear por la ciudad los domingos por la mañana. Teníamos varios planes distintos, según el tiempo y las ganas. Solíamos ir al **Bernabéu**[1], a ver las colas que se formaban para comprar billetes para los partidos de la tarde; al **Retiro**[2], a navegar en las barcas del estanque y alimentar a los patos; a **Santa Ana**[3], a tomar una caña y un **mosto**[4]; a algún museo –mi preferido era el de Ciencias Naturales, que estaba lleno de animales embalsamados–; al aeropuerto de Barajas, a ver despegar los aviones; a Chamartín, a ver salir los trenes que nosotros nunca cogíamos... Pero lo que más me gustaba, sin duda, era ir al **Rastro**[5].

Los gritos, la animación, la mercancía, los juguetes antiguos, el olor a frito y a cuero marroquí, los gitanos, la cabra, la música rumbera de los puestos de casetes, los cuerpos que se pegaban unos a otros, las caras de todos los colores, los **carteristas**[6] que

---

[1] **Estadio Santiago Bernabéu**: estadio donde juega el Real Madrid, situado cerca del centro de la ciudad. Puedes buscarlo en el plano del metro, línea 10.

[2] **El Retiro**: parque de 1,18 km², es el más importante del centro de Madrid. Puedes buscarlo en el plano del metro, línea 2.

[3] **Santa Ana**: plaza que está en el Barrio de las Letras, a cinco minutos de la Puerta del Sol. Es una buena opción para irse de tapas.

[4] **Mosto**: vino sin alcohol que habitualmente toman los niños.

[5] **El Rastro**: mercadillo histórico de Madrid que se celebra todos los domingos por la mañana. Está próximo a las estaciones de Tirso de Molina, Puerta de Toledo, La Latina.

[6] **Carterista**: ladrón de carteras, el que roba de los bolsillos de la gente.

miraban a ambos lados como los espías de las pelis. Era un universo de vida y color para mis sentidos de niño, todavía despiertos y alerta ante cualquier indicio de aventura y descubrimiento. Me encantaba la insistencia de los vendedores, cómo nos regañaban bajando el precio cuando nos alejábamos de sus comercios (a veces tan solo una sábana en el suelo, a veces una tabla de madera). Me parecía que si nos íbamos, estábamos perdiendo una gran oportunidad, que debíamos quedarnos hasta averiguar cuáles serían las sorpresas que tenían guardadas entre las cosas que vendían, y en los precios, que pensaba que seguirían bajando eternamente. Como siempre, nos íbamos. Mi padre nunca se interesaba por nada. Jamás averigüé por qué. Quizás por eso me gustaba tanto ir al Rastro.

Una vez, sin embargo, ocurrió algo distinto. Mi padre curioseaba una manta de cuadros en las escaleras de la Puerta de Toledo, en la que el dependiente había colocado cuidadosamente muchas cosas antiguas. A mí me parecieron bastante feas, la verdad, no eran muy atractivas. Tenían mucho polvo y olor a sótano. No sabía qué estaba mirando mi padre tan serio, y me entretuve jugueteando con un xilófono de madera que había encontrado entre tantos objetos inútiles. De repente, el vendedor, un tipo con la cara muy negra (seguramente no tenía una madre como la mía que le obligaba a lavársela cada día) y los ojos muy azules, que parecía un diablo, nos gritó: «¡Dejen ya de tocarlo todo!, si no van a comprar... ¡Aire! ¡Fuera de aquí!». Yo me quedé muy sorprendido cuando, asustado, miré a mi padre y lo vi casi llorando con un paquete de cigarrillos en la mano. Parecía muy antiguo, estaba muy arrugado, y ponía «Rocío. Tabaco negro mentolado. Filtro». Yo acababa de aprender a leer y no dejaba de leerlo todo el tiempo. Era verde turquesa y blanco, y tenía dibujado un copo de nieve en la parte de arriba. Nos fuimos enseguida, le pregunté qué le pasaba, y solo me contestó: «No le hables de esto a tu madre».

Pero la mejor parte del viaje al Rastro, la más misteriosa, era sin duda el metro. Nosotros vivíamos cerca de la parada de Estrecho, que está en la línea 1. El nombre viene del estrecho de Gibraltar, que es un canal de agua en el que se encuentran por única vez el mar Mediterráneo y el océano Atlántico. Mi padre me decía que el estrecho cuenta una historia de amor triste, como la de la luna y el sol, porque el mar y el océano se besan, se ven el uno al otro, pero nunca pueden estar juntos de verdad, ni abrazarse. Cogíamos el tren en dirección a Miguel Hernández, que es una estación que está en Vallecas (un pueblo que «se lo había comido la ciudad», exageraba mi padre), y lleva el nombre de un poeta de Levante que, aunque es muy importante, no sé por qué nunca lo estudié en el colegio. La línea azul ahora creo que llega hasta Valdecarros, que tiene que estar ya casi en Toledo.

Cuando llegábamos a Cuatro Caminos, yo ya me ponía a temblar. Esperaba la señal que me hacía mi padre con los ojos, mientras ponía las manos sobre la ventana del vagón y pegaba la frente al frío cristal para ver la Estación Fantasma. Cuando acabábamos de pasar Iglesia, después de atravesar unas paredes oscuras y sucias que parecían no terminar nunca, de repente se abrían y daban paso a una estación fantástica, que ya no existía. Los azulejos blancos mantenían su brillo fantasmal desafiando a la oscuridad como una maravilla. Donde antes había muros de oscuridad, se abrían andenes, bancos y pasadizos barnizados de antigüedad, pero todavía presentes; delicados, pero invitadores. Era como una visión producida por una sustancia mágica. Como cuando te aburres mucho y ya no ves el techo de tu habitación, sino un mundo diferente: estrellas, árboles, olas de mar, hombrecillos que vienen de otros mundos a salvarte del tuyo. Soñar con los ojos abiertos, eso era.

Quizás por buscar las palabras que mi padre siempre se ahorraba conmigo, o por ponerle fin a las que a mi madre le sobraban, me hice periodista. Siempre he querido saber por qué nombramos las cosas que existen, o mejor, solo algunas de las cosas que existen, y si es posible llegar a nombrarlas todas.

Sin embargo, esta profesión no es lo que yo creía. Al menos de momento. Cuando terminé la carrera y el máster, hace diez años, me contrataron para redactar noticias de actualidad en un periódico gratuito, de esos que regalan en las paradas de metro por la mañana. Tres años de **becario**[7], seis y medio con contratos temporales, y vuelta a empezar contratado por una compañía diferente. Resulta que ahora el periódico lo ha comprado un grupo de empresas de medios de comunicación, *holding* lo llaman, y he tenido la suerte de que no me han echado, así que esta mañana me he acercado a la plaza de Chamberí, donde se encuentra la nueva redacción, para llevar un artículo que he escrito sobre las posibilidades (pocas) de que España gane la Eurocopa 2008 en Austria y Suiza este junio.

A la redacción habían llegado unas barras de **incienso**[8] con olor a bosque de pinos mediterráneos; son productos nuevos que nos mandan para que las probemos y hagamos comentarios positivos en las páginas de tendencias del periódico. Como ahora ya nadie fuma, ni en la oficina ni fuera, nadie tenía un mechero para encenderlas. Y como soy el más joven del equipo (o *staff*, según dice en los *e-mails* del *manager* del *holding*), pues me han mandado al **estanco**[9] de abajo a comprar uno. No es que me parezca buena idea cobrar seiscientos euros, tener más de cuarenta años, y estar bajando y subiendo, pero ahora que ha pasado el tiempo y tantas cosas, puedo decir que nunca me arrepentiré de haber bajado.

El estanco está en la plaza, justo al lado del portal de nuestro edificio. Es un estanco normal, de tipo antiguo, con un cristal

---

[7] **Becario, a:** trabajador en prácticas que no cobra un salario completo.

[8] **Incienso:** sustancia que, cuando se quema, huele bien. Se usa habitualmente en las iglesias.

[9] **Estanco:** tienda de sellos, tabaco, cerillas...

en el mostrador que separa a la dependienta de los clientes, y detrás, estanterías de madera oscura y sólida con muchos departamentos en los que los paquetes de tabaco se agrupan por tipo, procedencia, por paquete duro o blando, o de liar, etc. Además, en la parte interna del mostrador hay miles de cosas pequeñas que llaman la atención y se le pueden pedir a la estanquera: chicles, sellos y mecheros multicolores, cerillas en cajas originales, tarjetas de felicitación graciosas, pastillas de mentol para que te huela bien el aliento, papeles de fumar con logotipos exóticos, cajas metálicas de fumador de estilo *retro*. El espacio para los clientes es pequeño, pero acogedor, y muy limpio. No hay ceniceros en las esquinas, ni colillas en el suelo, porque no está permitido fumar tampoco en los estancos. En general, salvo por las cajetillas de tabaco, el ambiente es muy discreto; aunque en la pared, sobre las planchas de madera de nogal, que me llegan más o menos hasta la cintura, está a la vista el yeso de color beis, y en él hay colgados unos antiguos anuncios de tabaco grabados en placas metálicas.

La estanquera sale de detrás de una cortina **granate**[10] que hay a la derecha del mostrador, y se disculpa por hacerme esperar. Es alta y camina muy recta, lleva un vestido verde oscuro, bastante pasado de moda, con una **toquilla**[11] marrón y un moño blanco. No va maquillada, pero tiene las mejillas encendidas y los labios del color de la cortina. Me mira con sus grandes ojos negros, me pregunta qué deseo y le pido un encendedor cualquiera, el que a ella le guste. Me da uno de color turquesa y le digo que cuánto cuesta. Me responde que setenta céntimos de euro. Le solicito educadamente una factura a nombre de mi empresa. La estanquera me mira y se ríe, y entonces me doy

---

[10] **Granate:** del color de la granada, o burdeos, color vino tinto, carmesí, rojo oscuro.

[11] **Toquilla:** pañuelo o especie de bufanda triangular de lana que usaban antiguamente las mujeres para abrigarse.

cuenta de que aunque había pensado que tenía más o menos sesenta años, su sonrisa le ilumina la cara como al prender una cerilla de alegría, y parece una niña, una niña de no más de dieciocho años. No dice nada, y me sigue mirando. Me da vergüenza lo que acabo de decir, y le doy explicaciones: que me han bajado el sueldo, que los tiempos están muy malos, que... Yo sigo como un tomate, y dando explicaciones, y ella ya ha terminado de rellenar la factura y me pide el nombre de la empresa. Se lo doy y me dice: «¡Anda, no me digas, tenemos **savia**[12] nueva en el periódico!». Me cuenta que los conoce a todos, y que aunque ya no le compran cigarrillos, a veces pasan a saludarla, y que se reúnen muchas tardes en el bar de su hermano, La Favorita, que está a dos calles de allí. Al salir del local, todavía un poco avergonzado, me fijo en que en uno de los carteles de metal hay un copo de nieve sobre fondo blanco. Intento recordar, pero no consigo saber dónde lo he visto antes.

Como no tengo nada que hacer hasta la tarde, en que he quedado con mi padre para acompañarlo al médico, decido dar un paseo por el tradicional barrio de Chamberí. Bajo por la calle de Santa Engracia, y me pierdo por las callejuelas de la zona. Recuerdo haber leído que el nombre del barrio se lo habían dado los soldados franceses que vinieron a luchar a principios del siglo XIX con las tropas de Napoleón. Veo palacios, edificios con portales elegantes e interesantes escaleras, pastelerías antiguas, plazas, jardines, los depósitos de agua de Isabel II, un parque de bomberos, cines y hospitales. Estoy pensando que Madrid debe ser la ciudad con menos librerías y pastelerías de Europa, con la falta que nos hace, y de repente me encuentro de frente con la taberna que me había comentado la estanquera. Me apetece una cerveza, así que entro, y quizás me encuentre a alguno de mis nuevos compañeros, para ir haciendo amistades.

---

[12] **Savia:** líquido blanco que circula por el interior de las plantas, a modo de sangre. Figuradamente, energía nueva, impulso renovador.

Pido una caña y el camarero, que parece que no tiene muy buen día, me trae solo un plato con pepinillos en vinagre. La verdad es que para un bar tan bonito, tan clásico, esperaba una tapa mejor, unas bravas, o un montadito de jamón, por lo menos. Veo que el que me ha servido está gritando en la esquina de la barra a otros camareros que defienden que el Barça había jugado mejor y se merecía la victoria. Les dice, muy enfadado, que no, que es que Casillas está desconcentrado pensando ya en la Eurocopa, que es cuando va a darlo todo. En fin. Me siento de cara a la puerta, viendo a la gente pasar, y cuando me aburro, veo que alguien se ha dejado abandonado dos mesas más allá un periódico. Me levanto a cogerlo, me pido otra caña, a ver si tengo más suerte, y me siento de nuevo; si no sucede ningún terremoto, caída grave de la bolsa de Tokio, o de la temperatura, no tengo nada que escribir ni otra cosa que hacer. El que he cogido es nuestro diario, que no me parece muy interesante, pero en las efemérides, que siempre enseñan algo, aprendo que un día como hoy, 25 de marzo, pero de 1789, Francisco de Goya consiguió el trabajo de pintor oficial del rey. Pienso que él no tuvo que hacer un máster ni estar de becario antes de tener la oportunidad de consolidar su carrera. En 1821 Grecia se declaró independiente del Imperio Otomano; en 1968 comenzó el Mayo Francés; en 1994 los últimos soldados norteamericanos abandonaron Somalia; además, en esa fecha nacieron **Béla Bartók**[13], **Luis Landero**[14] y **Sarah Jessica Parker**[15]. Vaya, me ha traído solamente aceitunas. Qué camarero más **soso**[16].

Dejo el periódico sobre la mesa, y echo un vistazo por último a los titulares del día, en los que leo sorprendido que la antigua estación de Chamberí, también conocida como Estación Fan-

---

[13] **Béla Bartók:** músico húngaro del siglo XX.

[14] **Luis Landero:** novelista español contemporáneo.

[15] **Sarah Jessica Parker:** actriz norteamericana contemporánea.

[16] **Soso, a:** sin sabor, sin alegría. El antónimo sería 'saleroso'.

tasma, llevaba en obras desde 2006, y la han reformado, restaurado y convertido en un museo que desde hoy queda abierto al público, con entrada libre.

***

—Rocío, tenemos que hablar —dijo Francisco entrando en la tienda de la madre de ella, visiblemente alterado.

—Hola, mi amor, ¿qué pasa, que ni saludas ni nada? ¡Anda que no eres tú soso, Paquito!

—No, es importante, tengo que decirte algo. —La miraba a los ojos, pero se avergonzó, y bajó la mirada.— No podemos seguir con esta historia.

Ella se quedó paralizada un momento, pero enseguida se echó a reír, y le dijo:

—¿Qué historia, mi vida?, ¿qué tienes? —La sonrisa se congeló en su iluminado rostro cuando vio que él continuaba mirando al suelo—. —Es... ella, no..., son ellos... Bueno, es todo. No..., no podemos seguir viéndonos. Tenemos que romper. No, no te quiero. No quiero seguir contigo.

—¿No me quieres? Eso no te lo crees ni tú, Francisco, eso no es verdad, y lo sabes—. El labio inferior empezó a temblarle, y palideció; él tartamudeaba.

—No, claro, claro que te quiero, pero... si es que... qué te voy a decir. Yo..., no..., puedo..., esto..., bueno, que... que esto tiene que terminar, Rocío, ya está.

—No me dejes, Paquito, no, no tiene sentido. ¡Si tú me quieres! Pero si yo te quiero también...

—Te quiero, Rocío, te quiero con toda mi alma, pero no está bien, no podemos, ya no es bueno. Hay que romper. No puedes ser mi novia. No, no...

Francisco se echó a llorar, desesperado, como un niño. Era un chico de unos veinticinco años, moreno, guapo, con ojos soñadores, y un traje de chaqueta muy elegante. Era un poco más bajito que ella, que tenía un aire de flamenca, enérgica y salerosa, y de repente se puso recta y le miró fijamente:

—Bien, pues si no puede ser, no puede ser. No me busques, ni vuelvas por aquí. Eso sí, que sepas que vas a arrepentirte. La vida es corta y se consume rápido, como un cigarrillo... No nos da tiempo a volver atrás para deshacer las decisiones mal tomadas. Tú sabrás, Francisco, tú sabrás **de qué pie cojeas**[17], y **qué mosca te ha picado**[18]. Eso sí, por aquí no vuelvas. No eres el hombre que creía amar.

***

El domingo por la mañana, en homenaje a las viejas costumbres, me fui dando un paseo a visitar la estación reformada. Llamé antes a mi padre para explicarle, e invitarle a venir conmigo, pero no quiso hablar. Estaba con sus amigos tomando un **carajillo**[19] en el Café Comercial –pese a que había dicho que no volvería por allí porque con la nueva ley le obligaban a sentarse en la planta de arriba si quería fumar, y era mucho más fea que la de abajo–. Además, él siempre dice que el teléfono móvil es solo para avisar cuando se llega tarde, o cuando hay una emergencia, que no le llame para tonterías. No quiere adaptarse, y solo utiliza el teléfono fijo que tiene en casa con los números muy grandes, para personas mayores. Bueno, eso cuando lo oye, porque la verdad es que además de ser muy **tozudo**[20], está también medio sordo.

Me costó encontrar la entrada de la estación fantasma, que es transparente y no se ve mucho, y está en la parte de la plaza que hace esquina con Luchana. Se trata de un cilindro de aire montado sobre una espiral de hierro blanco, que tiene en su in-

---

[17] **De qué pie cojea (alguien):** cuál es su vicio o defecto. Se dice cuando entendemos qué problema tiene alguien, o qué es lo que falla en él.

[18] **Qué mosca le ha picado (a alguien):** qué le pasa a una persona que está rara, no actúa de forma normal.

[19] **Carajillo:** café al que se le ha añadido alguna bebida alcohólica: coñac, güisqui...

[20] **Tozudo, a:** testarudo, obstinado, terco, cabezón.

terior una cristalera, y dentro de esta un ascensor. Cuando bajas, encuentras una pequeña habitación de cemento, con un escritorio y la amplia sonrisa de una empleada que te da indicaciones sobre cómo realizar la visita a la estación y un folleto con datos y algunas fotos. Cuando atraviesas la puerta de entrada a tu derecha, te das cuenta de que has viajado por lo menos cien años sin casi darte cuenta. Las paredes ahora son de azulejos blancos pequeños, abombados y brillantes, tanto que parecen pintados con laca de uñas. Las puertas son de madera oscura, como los ojos de las madrileñas, y se mueven mucho más ligeras en torno a las **bisagras**[21] que las puertas que utilizamos en la actualidad.

Al principio de la exposición puedes ver un vídeo que te muestra la historia del metro de Madrid desde que lo construyeron, en 1919, hasta la última ampliación, que fue bastante espectacular, y por la que, de hecho, la red cuenta ya con más de 300 estaciones. Lo que más me llamó la atención de la película fueron las imágenes de la Guerra Civil, de 1936 a 1939. Los habitantes de la ciudad se refugiaban en las estaciones de metro para salvarse de las bombas, y por eso se crearon pequeñas comunidades en los andenes, que se volvieron patios de vecinos en miniatura. Me acordé de Leonor Watling en la película «La hora de los valientes», en la que su novio, Gabino Diego, tiene la misión de salvar el autorretrato de Francisco de Goya de los bombardeos del Museo del Prado.

Después paseas por los pasillos de la estación, que son limpios y luminosos, y que te regalan un billete directo a los sueños. Puedes oír el *tiquitiqui tiquitiqui* de los zapatos de tacón de las taquilleras antiguas del metro, que, según dicen, fueron de las primeras mujeres en la ciudad que trabajaron de cara al público. Por eso, muchos hombres usaban los trenes solo para verlas y tener un mínimo contacto con ellas. También, si te concentras un poco,

---

[21] **Bisagra:** pieza de hierro que permite que las puertas giren sobre ella.

es posible recordar todas tus experiencias que tuvieron lugar en algún vagón o corredor del metro: risas, penas, llantos, lecturas, conversaciones, encuentros, declaraciones, rupturas, nervios. Y si haces un poco más de esfuerzo, puedes unir tus sensaciones a las de los millones de viajeros que han pasado y pasan todavía por ese espacio ganado al reino subterráneo, y conseguirás sentir al mismo tiempo todas las fuerzas que a veces atraviesan a los seres humanos, y que cuando se unen en una misma dirección, hacen mover incluso pesadas máquinas de metal y **frustraciones**[22].

Puedes estar muy **distraído**[23] haciendo bailar a tus musas, puedes **deleitarte**[24] con los viejos anuncios de café, relojes y almacenes, pero no podrás evitar el gran susto y la sorpresa cuando el tren de verdad, el que pasa todavía por la Estación Fantasma sin pararse nunca en ella, corra con gran **estruendo**[25] por las vías hacia otras paradas que sí existen. Verás entonces a los viajeros pasar llenos de rutinas, bostezos, prisas, que se olvidan de sí mismos con *best-sellers*, pantallas o incluso algún periódico gratuito. En ese momento me viene a la cabeza la canción del cantautor Ismael Serrano, «Recuerdo». Un chico ve a un antiguo amor sentada en un vagón del metro de Madrid. Se acuerda de que la amaba, y decide volver a intentar que la historia funcione. Cuando habla con ella, resulta que no era la que creía, sino otra chica. Se había equivocado.

***

---

[22] **Frustración:** sensación que deja un propósito que no se realiza, desesperación.

[23] **Distraído, a:** no concentrado, estar en las nubes.

[24] **Deleitarse:** buscar el placer de los sentidos, disfrutar.

[25] **Estruendo:** ruido grande.

En Madrid, a 11 de noviembre de 1965

Querida mía:

No puede ser, Rocío. Sencillamente, no puede ser. Quiero que me entiendas, y estoy seguro de que en algún momento podrás hacerlo. O quizás no lo entiendas nunca, pero en ese caso sabrás, tienes que saber, que estoy haciendo lo mejor para los dos, lo mejor para todos.

Yo te quiero, Rocío, pero del amor no se come. No podemos vivir del aire. El amor y la boda son cosas muy distintas, eso no hay que olvidarlo. Mis padres han arreglado ya mi matrimonio con la prima de Torrelaguna. No la recuerdo bien, no sé cómo es. Sé que de pequeños en el pueblo teníamos amistad, aunque siempre se estaba quejando... También sé, y eso es lo importante, que mi padre no va a heredar nada del tío Ramón, que se lo va a quedar todo su hermano Braulio. Sé que él se siente mal por eso, que quiere mejorar la situación con mi padre, y por eso han decidido que nos casemos Dolores y yo. Hay también una cuestión de unas casas, y unas tierras, y no sé qué más... Dicen que vamos a vivir en Madrid, de las rentas de los campos, y de unos pisos alquilados en unos barrios nuevos en que invirtieron. Yo no estoy de acuerdo, Rocío, yo no lo quiero, esto. Pero no puede ser. No puedo hacer otra cosa.

No puedo enfrentarme a la familia, dejarían de hablarme. ¿Y qué hacemos, tú y yo solos, sin los parientes? No podemos vivir de tu salario, y yo no sé hacer nada, chica, nunca he aprendido a ser útil en ningún sitio. No es una posibilidad, olvídate.

Tú eres toda una mujer de armas tomar. Eres guapa, lista, independiente. Puedes vivir de tu trabajo, y además encontrar a un hombre que te quiera y no sea tan cobarde como yo. Busca a un tipo que sea buena gente, dulce, fuerte y que te haga reír al menos tanto como nos reíamos nosotros juntos. ¿Recuerdas, Rocío? Cuando estábamos escondidos en las escaleras de mi edificio y salió mi madre con la escoba dando gritos, ¡¿**sinvergüenzas**[26], sinvergüenzas, dónde estáis?! Casi nos morimos de la risa, ese día en que fuimos nuestros, en que fuiste mía, en que no hubo nada más.

Te deseo todo lo mejor, y no me queda nada más que decirte, Rocío, que te quiero, y que no puedo volver a verte. Dos inmensas lágrimas me ruedan por las mejillas, y ellas serán testigo eterno de mi amor junto a estas líneas, en que se queda mi corazón atrapado como en tus grandes ojos negros.

Un abrazo,

Francisco

---

[26] **Sinvergüenza:** pícaro, pillo, inmoral.

1. **Une los elementos de cada columna para formar frases con sentido.**

1. Francisco escribe una carta...
2. El protagonista sueña...
3. El protagonista es...
4. Francisco se va a casar...
5. El protagonista invita...

a. en la Estación Fantasma.
b. con su prima de Torrelaguna.
c. a su padre a ir a Chamberí, pero no acepta.
d. un periodista madrileño.
e. para dejar a Rocío .

2. **Relaciona las expresiones figuradas del texto con su significado.**

1. Ponerse como un tomate.
2. De qué pie cojea.
3. ¿Qué mosca te ha picado?
4. Vivir del aire.
5. Ser de armas tomar.
6. Dejar en paz.
7. Estar sin blanca.

a. Vivir sin tener ingresos económicos.
b. Cuáles son sus defectos y debilidades.
c. No molestar, dejar a alguien tranquilo.
d. ¿Qué te pasa?
e. No tener dinero.
f. Ponerse rojo de vergüenza o timidez.
g. Ser decidido y valiente.

3. **En el texto has encontrado y seguirás encontrando frecuentemente el pretérito pluscuamperfecto. Relaciona las frases con su continuación lógica.**

1. Cuando Pepe nació,...
2. Cuando leí a Nabokov,...
3. Ella había traído una tarta de postre,...
4. En el momento en que llegaste al cine,...

a. ...ya nos habíamos ido a cenar.
b. ...ya había leído a Cervantes.
c. ...sus padres todavía no se habían casado.
d. ...pero no lo sabía, y he preparado este dulce.

4. **Busca en Internet las tapas que no conozcas. ¿Cuáles de ellas no te las pondrán jamás en Madrid?**

Pepinillos en vinagre	Orejas de cerdo	Brócoli frito
Ardilla rellena	Aceitunas	Chorizo frito
Patatas bravas	Croquetas de bacalao	Pato a la naranja
Churros	Montadito de jamón	Muesli con frutas

5. **Según lo que has leído, ¿tienes alguna idea de por qué el relato se llama así?, ¿cuál es la estación?, ¿quién es el fantasma?, ¿de quién es el fantasma? Haz alguna hipótesis sobre el tema.**

Aunque las cortinas son blancas, como las paredes, la luz de una tarde poco primaveral ha convertido mi habitación en amarilla casi verde, como la cara de un enfermo. A lo lejos oigo ladridos de perro frustrado, y llantos de niño hambriento. Estoy sentado en mi habitación, en mi escritorio, y fumo nervioso un *lucky strike* detrás de otro, y bebo güisqui en vaso bajo, mientras golpeo con fuerza las teclas de mi ordenador portátil. Me pican los ojos, me duele la cabeza, me quiero morir, y lo peor es que no sé qué estoy escribiendo. Una novela, quizás, o un cuento. A lo mejor una **denuncia**[27], una carta, o una nota de suicidio. Aunque, por otro lado, quizás podría volverme un hombre práctico. Últimamente está empezando a haber interés por la llamada Memoria Histórica, así que podría escribir un artículo y con él que me reconozcan en la empresa y llegar a ser un periodista de éxito. No, en realidad no es eso lo que quiero. Necesito aclarar mis ideas. Voy a bajar a dar una vuelta para tomar el aire. No puedo más.

***

Esta mañana mi padre ha llamado a mi puerta con una expresión triste. Le he dicho: «Pasa, pasa, ¿quieres tomar algo?, ¿qué tienes?». Miraba al suelo, avergonzado, y no se atrevía a dar un paso adelante. Entonces intentó hablar, pero no pudo, y solo me dio con mano temblorosa el folleto que llevaba. Vi que era el tríptico que me habían dado el domingo anterior en la exposición de Andén Cero al visitarla, y que por descuido posiblemente dejé olvidado en el salón de su casa cuando fui por la tarde a ver con él y sus amigos el partido del Madrid. No comprendía nada, así

---

[27] **Denuncia:** documento dirigido a la policía en que se les informa de un delito. Se utiliza con el verbo 'poner'.

que le tomé del brazo, le hice pasar, le senté en el sofá y le puse delante una copa de vino tinto. Abrí una cerveza, me senté frente a él, en el sillón, y me quedé mirándole sin decir nada.

***

En este papel, hijo mío, se esconde algo que deberías saber. A veces las historias las tenemos en nuestro poder, son plásticas y las manipulamos, y podemos decidir qué vamos a hacer con ellas. Son como una hoja de periódico, que puede volverse barco para viajar en él, sombrero para que se rían contigo o envoltorio para un regalo que haga feliz a alguien. Puedes leerla, escribir sobre ella o incluso ignorarla, y dejar que sea otra persona quien la tire finalmente a la basura. Todo esto pasa generalmente cuando somos muy jóvenes, y creemos que nuestra vida nunca dejará de ser un mar abierto, un cheque en blanco de libertad y borrón y cuenta nueva. Que siempre podremos volver a empezar y la vida será generosa con nosotros. Yo no supe qué hacer con mi historia, me dio miedo, así que la vendí muy barata a quien no debía, y ahora mis errores han vuelto para recordarme lo cobarde que elegí ser.

Mira esta mujer tan guapa que sonríe en la foto antigua del folleto, esta taquillera de metro. Yo la conocí, hijo mío, su nombre era Rocío, y éramos novios en una época en que yo fumaba unos cigarrillos de tabaco negro mentolado que se llamaban como ella. Era una mujer increíble, sobre todo para la época: alta, fuerte, estilosa, muy inteligente, y nunca necesitaba el permiso de nadie para hacer las cosas en las que creía. La verdad es que a veces me recuerdas un poco a ella.

Nos conocimos en el metro, en esa estación que luego llamaron *fantasma*, y que de hecho lo era, se convirtió en la **tumba**[28], el **arcano**[29], la estación de mi fantasma. De todos mis fantasmas.

---

[28] **Tumba:** lugar en que está enterrado un muerto en el cementerio.

[29] **Arcano:** secreto reservado, misterioso y muy importante.

Ella estaba trabajando, **validando**[30] los billetes que los viajeros sostenían al pasar por su ventanilla. Yo iba hacia el centro, a ver unos pisos nuevos que mi familia estaba pensando comprar. Cuando me iba a tocar mi turno, unos chicos que estaban delante de mí empezaron a decirle cosas: «Guapa, **chulapona**[31], deja de hacer agujeros y vente con nosotros a tomar un vino». Como la vi molesta por lo que le decían, no sé de dónde saqué las fuerzas para meterme y decirles que dejaran en paz a la señorita, que estaba trabajando. Los muchachos se fueron entre risas, y entonces yo la miré tímidamente. Ella me observó de arriba abajo, emocionada por lo rojo que me había puesto, y me dio una sonrisa amplia mostrando unos dientes blancos, como **esmaltados**[32]. Era muy joven, pero había algo en ella que la hacía parecer segura, experimentada, dueña de su destino y jefa de los efectos de su mágica sonrisa en los demás. Pensaba en esto, **hechizado**[33] por el **imán**[34] de Rocío, cuando los pasajeros que estaban detrás de mí empezaron a gritar: «Venga, hombre, que no tenemos todo el día...».

Por la tarde volví a coger el metro, y al pasar por la salida, vi que ella seguía allí, y que me miraba. Saqué valor de donde no lo tenía y, como había poco tráfico de viajeros me acerqué y le dije que si quería tomar un café conmigo, pero que si no quería, que no pasaba nada, que yo lo entendería. Ella se rió muy salerosa y me dijo que sí, que claro, que tenía que esperar todavía tres cuartos de hora a acabar su turno, pero que podía esperarla

---

[30] **Validar:** comprobar que un billete es correcto y la persona que lo lleva puede pasar al autobús, tren...

[31] **Chulapona:** chula, mujer de clase popular de Madrid y, por extensión, estilosa, con garbo, gracia, buen aire.

[32] **Esmaltado, a:** que tiene un barniz que le da brillo, como en las uñas pintadas o en los azulejos.

[33] **Hechizado, a:** víctima de la magia.

[34] **Imán:** mineral que atrae determinados metales. Metafóricamente, se usa para las personas o cosas atractivas.

fuera. Así lo hice, y fuimos a una taberna llamada La Favorita, que creo que todavía existe. Nos tomamos unos cafés con leche, primero, y luego unos anises. Era tan divertida, Rocío, estaba tan viva y era tan genial, que nunca te dabas cuenta de que se te pasaba el tiempo. Empecé a ir cada tarde a buscarla a la estación, e íbamos a tomar churros, unos días, **variantes**[35], otros, y cuando había fiesta íbamos a bailar, a pasear por las afueras de Madrid, o incluso a tomar un **cubalibre**[36] en algún pub irlandés.

Me contó que no tenía muchos parientes. Que su padre había desaparecido un día y lo daban por muerto, que casi no lo había conocido, pero que sabía que había sido muy valiente y aventurero, y que incluso había vivido unos años en la montaña, y otros años escondido en el sótano de la casa de un familiar. Su madre casi no hablaba del pasado, ni de nada, en general, y las vecinas y el cura del barrio **cuchicheaban**[37] cuando las veían pasar. A ellas no les importaba mucho, y se entretenían solas o con unas primas de su madre, también viudas, que a veces las visitaban en casa y con las que pasaban las tardes comentando novelas, copiando modelos de las artistas famosas con la máquina de coser, o charlando sobre los cotilleos de por aquí y por allá mientras su madre trabajaba en la tienda. A Rocío sus tías le decían siempre que era muy guapa y tenía mucho talento, así que no tenía que pensar en casarse, sino que debía buscar un trabajo para ser una mujer libre y realizada. Ella no entendía mucho. Su madre callaba.

Salimos juntos durante algún tiempo, y mis padres, aunque se enteraron, no me dijeron nada, e incluso la vieron una vez y les pareció bastante agradable. Yo era feliz. Pero poco después, la situación económica empezó a cambiar en mi casa, tuvieron

[35] **Variantes:** aceitunas, pepinillos, cebolletas... productos de aperitivo conservados en vinagre.

[36] **Cubalibre:** ron con Coca-Cola.

[37] **Cuchichear:** cotillear, murmurar, hablar bajito sobre ellas.

miedo de perder unas posesiones, y un día demasiado cálido del mes de noviembre me hicieron sentar en la sala. Habían decidido casarme con tu madre, con mi prima del pueblo. Yo no pude decir que no, porque me convencieron de que el futuro de la familia dependía de esa boda. Mi hoja de periódico se rasgó en mil pedazos, y me perdí con ella como una gota de tinta en el océano.

El resto de la historia ya la conoces. Aunque aún queda un detalle que quiero contarte.

***

Diario EL DÍA

10 de abril de 2008

Como nuestros lectores saben, el periódico participa en la tendencia general a recuperar la Memoria Histórica española que está viviéndose en el mundo de la cultura. Uno de los secretos mejor guardados de la época entre los años cuarenta y noventa del siglo pasado es la desaparición de bebés y la nueva identidad que se le dio a miles de niños. A través de hospitales y órdenes religiosas, a muchas madres se les anunció que sus partos habían terminado con la muerte del pequeño, mientras que, en realidad, el bebé estaba vivo y las autoridades lo **habían requisado**[38] para entregárselo a una familia de mejor reputación política o posición económica que la de origen. Este fue el caso de R.G.P., que ha enviado al periódico esta carta:

*Era el año de 1966 y me despidieron de mi trabajo porque la estación de metro en la que trabajaba habían decidido cerrarla. Embarazada, sola y sin blanca, un día vino a verme una mujer que dijo ser amiga de la mujer de quien había sido mi novio. Me dijo que sabía que **estaba encinta**[39], y también que había dejado de trabajar, que estaba en el paro. Me dijo que el niño iba a estar mejor con su padre y la familia de su esposa, que tenía dinero, fincas y empresas. Me dijo: «Dámelo». Yo me negué una y mil veces. El niño no lo habíamos buscado, fue*

---

[38] **Requisar:** expropiar, que una autoridad quite algo a alguien.
[39] **Estar encinta:** estar embarazada.

un error quedarme embarazada de un hombre cobarde que
me dejó para casarse sin amor y por dinero, pero era mi hijo.
Y yo ya lo amaba profundamente. Sin embargo, a los pocos
meses, una de las religiosas que estaba en el hospital donde
di a luz vino hasta mi camilla con la cara muy seria y me dijo
que el niño «ya no estaba entre nosotros», que «se había ido».
Yo la creí, pero nunca me mostraron sus restos, y desde en-
tonces vivo con un gran dolor en el alma por no saber si mi
niño murió, si está vivo, si acaso es uno de los clientes de mi
negocio, si está quizás en Alemania o en Rusia, si es feliz, de
qué color son sus ojos, si piensa alguna vez en mí.

En el periódico nunca se publicó esta historia, que es la historia de mi padre. La escribí porque creo que los lectores deben
conocerla. Deben pensar que no soy suficientemente buen periodista. O quizás es que el relato no era tan importante como
yo creía. Quizás haya demasiadas personas a las que les pasó
lo mismo, como la señora que nos contó su experiencia en una
carta. O igual es que es solo mi vida, y solo me importa a mí.
En todo caso, fui a entregarla un día de principios de abril y
por la tarde me llamó mi jefe diciéndome que quería verme ur-
gentemente en su despacho. Corrí a la redacción presintiendo
que algo grande iba a suceder: un ascenso, un contrato fijo, o
quizás que me había tocado el viaje a las Canarias que se rifaba
entre los empleados en lugar de la **cesta de Navidad**[40]. Cuando
llegué, mi jefe me esperaba en la puerta del edificio, entre esta
y el estanco. A su lado, pude ver a la hermosa estanquera que
había conocido unas semanas antes, la que me había vendido
el mechero y que sonreía como la joven que ya no era. Cuando
llegué hasta ellos, mi jefe se fue y se despidió diciéndome: «Si
me necesitas, llámame por teléfono». En sus labios había una

---

[40] **Cesta de Navidad:** conjunto de productos de comida y bebida que se da a los
empleados de las empresas en la época de las navidades.

sonrisa muy **tierna**[41]. Ella me cogió del brazo, entré en el estanco y me senté en una de las dos sillas bajas que parecía que había preparado para el encuentro. Yo no entendía nada, pero al bajar el escalón de entrada al local, miré instintivamente hacia arriba, y vi los anuncios viejos de metal. Entonces, sin saber que sabía, sin comprender todavía lo que estaba ocurriendo, se me enganchó la mirada en la placa de los cigarrillos mentolados *Rocío*, los que tenían un copo de nieve blanco sobre fondo turquesa, y un escalofrío me sacudió hasta hacerme doler el estómago.

***

Con la mano temblando, llamé al timbre. Creo que todavía no había cerrado la boca desde hacía media hora, y la tenía seca, y me dolía, pero no sentía nada más que sorpresa y excitación. Como aquel día en que él había aparecido en mi piso en una situación similar, entré en su casa, pero no me senté. Le dije si podía venir conmigo a la redacción, que lo necesitaba. Mi padre no entendía nada, pero se dio cuenta de que algo no iba bien. Hicimos el camino con la mirada baja los dos, sin hablar. Él parecía sentirse culpable, en deuda conmigo, desde su confesión. Y yo no sabía qué hacer, qué decir. Aquel día hacía mucho viento, tanto que nos empujaba con cierta violencia hacia nuestro destino. Las nubes, blancas y como esmaltadas, estaban embarazadas de lluvia de abril, pero no se decidían a liberarla todavía. Una vez en el recibidor del edificio, hice el gesto de haber olvidado algo golpeándome el bolsillo del abrigo, y dije: «Papá, ¿te importaría ir un momento a comprarme tabaco?».

---

[41] **Tierno, a:** dulce, suave, amable, cariñoso.

DESPUÉS DE LA LECTURA

1. Decide con tu compañero si los siguientes enunciados son verdaderos, falsos o desconocidos en la historia.

a. La estación de Chamberí ha vuelto a funcionar como parada de metro.
b. El protagonista ha conseguido llegar a ser un periodista famoso.
c. Durante el franquismo hubo muchos robos de niños a mujeres.
d. En España se fuma en todas partes, pero no en los estancos.
e. Rocío descubre que su hijo es el periodista del mechero.
f. Francisco no vuelve a ver nunca a Rocío.
g. Rocío se enfada mucho con Francisco cuando lo ve de nuevo.
h. Francisco no dejó de querer a Rocío durante toda su vida.
i. Dolores y Rocío eran amigas.
j. El protagonista de la historia se llama Paquito.
k. Dolores se pasaba el día quejándose.
l. Rocío es el nombre de una mujer y de una marca de cigarrillos.

2. En el relato, se mencionan muchas bebidas que son habituales en los bares, cafeterías y tabernas de Madrid. Tacha las tres que no aparecen en el texto.

Vino	Cerveza	Pacharán
Mosto	Té con limón	Carajillo
Vodka con naranja	Anís	Cubalibre
Caña	Café con leche	Güisqui

3. Sustituye las palabras en negrita por otras que has aprendido.

Consejos para viajeros en Madrid

- Para comprar billetes de metro y autobús iremos a la **tienda donde venden tabaco y sellos de correos** (1).
- Cuando montamos en un autobús, no debemos olvidar **meter** el billete **en la máquina** (2).
- Cuando paseamos por los lugares turísticos, como en cualquier ciudad, tenemos que tener cuidado con los **ladrones** (3). Si nos roban, iremos a la policía a **informarles de lo ocurrido** (4).
- Cuando pedimos un **vino sin alcohol** (5), una caña o un vino, esperaremos a que nos pongan **aceitunas** (6) u otra tapa.
- No podemos irnos de la ciudad sin visitar **el mercadillo de los domingos** (7), **la plaza llena de bares para tapear** (8), y **la estación de metro cerrada en 1966** (9).

Completa las frases con las siguientes palabras.

> granate ● azulejos ● tozudo ● incienso ● andén ●
> sinvergüenza ● efemérides

a. En las (1)............ del periódico dice que en un día como hoy nació García Lorca.

b. Vamos a poner (2)............ de color verde en el baño nuevo.

c. En las iglesias se quema (3)............ para que huela bien.

d. El vestido que me he comprado para el evento es (4)............

e. No puedo trabajar más con él, siempre insiste en sus ideas, ¡es muy (5)............!

f. Te espero en Sol a las seis, en el (6)............ de la línea 3.

g. Eres un (7)............, ¿cómo has podido abandonar a tu novia el día de la boda?

 El relato no está cerrado, porque nos quedamos sin saber qué pasará con los protagonistas al final. Escribe un texto en el que respondas a estas preguntas:

a. ¿Cómo reaccionarán Francisco y Rocío cuando se encuentren?

b. ¿Cómo se sentirá el hijo? ¿Qué dirá?

c. ¿Qué harán?

d. ¿Volverán a estar los tres juntos o seguirá cada uno su camino?

Intercambia el texto con tu compañero, ¿qué te parece su propuesta? ¿Por qué? Elegid uno de vuestros finales y representad en la clase la escena.

 En la historia, se habla de hechos que han ocurrido en realidad. En grupos, buscad información y exponed en clase uno de estos aspectos de la historia española:

– La ley de Memoria Histórica. – El poeta Miguel Hernández.

– La desaparición de bebés. – La ley del tabaco.

Claves

ANTES DE LA LECTURA

1. a. Falso (es Madrid); **b.** Verdadero; **c.** Falso (en verano hace mucho calor); **d.** No se sabe, no hay acuerdo entre historiadores, podría ser una palabra visigoda; **e.** Falso (representa a un oso y un madroño); **f.** Verdadero.

2. a. En 1919; **b.** 326 (incluyendo las del metro ligero); **c.** Shangái, Londres, Nueva York, Tokio, Seúl, Moscú y Pekín.

3. 1. c, **2.** a, **3.** e, **4.** f, **5.** d, **6.** b.

DURANTE LA LECTURA

1. 1. e; **2.** a; **3.** d; **4.** b; **5.** c.

2. 1. f; **2.** b; **3.** d; **4.** a; **5.** g; **6.** c; **7.** e.

3. 1. Cuando Pepe nació, sus padres todavía no se habían casado. 2. Cuando leí a Nabokov, ya había leído a Cervantes. 3. Ella había traído una tarta de postre, pero no lo sabía, y he preparado este dulce. 4. En el momento en que llegaste al cine, ya nos habíamos ido a cenar.

4. Tapas habituales: pepinillos en vinagre, patatas bravas, orejas de cerdo, aceitunas, croquetas de bacalao, montadito de jamón, chorizo frito; **Tapas que no existen:** ardilla rellena, churros (es un dulce, y se come para desayunar o merendar con chocolate o con café), brócoli frito, pato a la naranja, muesli con frutas.

DESPUÉS DE LA LECTURA

1. a. Falso. Es un museo llamado Andén Cero; **b.** Falso; **c.** Verdadero. La situación además se prolongó hasta los años noventa; **d.** Falso. Se fuma en muy pocos lugares; **e.** Verdadero; **f.** Falso. Se encuentran al final; **g.** Desconocido; **h.** Desconocido, aunque podemos creer que así fue; **i.** Falso; **j.** Desconocido; **k.** Verdadero; **l.** Verdadero.

2. *No aparecen en el texto:* Vodka con naranja, Té con limón, Pacharán.

3. 1. estanco; **2.** validar; **3.** carteristas; **4.** poner una denuncia; **5.** mosto; **6.** variantes; **7.** el Rastro; **8.** Santa Ana; **9.** Andén Cero.

4. 1. efemérides; **2.** azulejos; **3.** incienso; **4.** granate; **5.** tozudo; **6.** andén; **7.** sinvergüenza.

VII

El inspector Oliveira y el robo en la Catedral de Santiago de Compostela

Guadalupe Arias Méndez[*]

 7

[*] (Ibiza, 1975). Doctora en Lengua española por la Universidad de Salamanca, se dedica a la enseñanza universitaria de ELE y de español de los negocios desde 2001. Investigadora de las estrategias de aprendizaje, compagina su actividad profesional con la creación y publicación de materiales didácticos.

1. Este relato transcurre en Santiago de Compostela, la capital de la Comunidad Autónoma de Galicia. Es una ciudad internacionalmente conocida por su Catedral. ¿Qué otras catedrales importantes conoces?

2. La Catedral de Santiago guarda libros antiguos que son fuente documental histórica de un valor incalculable. ¿Sabías que en julio de 2011, uno de estos libros tan importantes fue robado del Archivo de la Catedral? Lee la noticia y responde.

El robo del siglo:
DESAPARECE EL CÓDICE CALIXTINO DE LA CATEDRAL DE SANTIAGO

Puede ser el robo del siglo. Uno de los libros más importantes del mundo acaba de desaparecer de la Catedral de Santiago de Compostela. Un documento histórico de incalculable valor fue robado ayer, día 6 de julio de 2011, y la Policía de toda España busca desesperadamente al autor o autores de este robo de alcance internacional.

Cuando a última hora de la tarde de ayer los responsables de la Catedral dieron cuenta del robo, la Policía se trasladó al lugar de los hechos para buscar huellas y revisar los discos duros de las grabaciones de las cámaras de seguridad. La conmoción es enorme entre los miembros de la comunidad religiosa pues saben el valor que esta joya bibliográfica puede tener en el mercado negro. Según ha podido saber esta redacción, se sospecha que el robo lo debe haber cometido una banda organizada, que incluso podría actuar por encargo de algún coleccionista caprichoso y sin ningún tipo de escrúpulos.

---

1. ¿Qué han robado de la Catedral?
  a. Una joya antigua muy valiosa.
  b. Un documento que narra hechos históricos.
  c. Un libro antiguo de gran valor histórico.

2. ¿Verdadero o falso? «La Policía ha comunicado a la redacción que ha encontrado huellas de los autores del robo».

3. ¿De quién sospecha la Policía?
  a. De un coleccionista de arte.
  b. De una banda sin escrúpulos.
  c. De ladrones que actuarían por encargo de otra persona.

4. ¿Por qué se define como «el robo del siglo»?
  a. Porque es una obra antigua muy cara.
  b. Porque es una obra antigua única.
  c. Porque es una obra antigua muy rara.

Sada[1], miércoles, 6 de julio de 2011, 07:30 de la mañana.

Amanecía tímidamente en Sada y, como en todas las ciudades costeras de la llamada **España verde**[2], las primeras horas del día solían despertar envueltas en una densa y húmeda niebla, tan salada que parecía compuesta por la misma agua que la del mar. A esas horas, la playa estaba desierta. O casi.

En sus 300 metros de arena blanca tan solo se podían distinguir las pisadas de unas deportivas que no parecían tener mucho interés en sortear la espuma de las olas que insistían en alejarse sin pararse a descansar.

Sonaba, una vez más, «La mamma morta» interpretada por **María Callas**[3]. Sonaba alto, muy alto, inundándolo todo, ocupando sus pensamientos, transportándolo al momento en que la oyó por primera vez, sentado en la butaca de la última fila de aquel cine de provincia al que iba todos los domingos por la tarde con ella. Estuvieron yendo todo ese invierno y, en realidad, lo que menos le importaba era la película que tocaba ver. Tan solo deseaba contemplarla resguardado de las miradas de los otros, esperando, inmóvil, la llegada del brillo de su sonrisa al distraerla él con sus bromas y tonterías.

«Cómo cambia la perspectiva de las cosas con el paso del tiempo», se dijo el inspector Oliveira, poniéndose automáticamente

---

[1] **Sada:** localidad costera situada en la provincia de A Coruña (Galicia).

[2] **España verde**: región geográfica y turística del norte de España que engloba las Comunidades Autónomas de País Vasco, Cantabria, Asturias y Galicia.

[3] **María Callas:** soprano americana del siglo XX, de ascendencia griega, que alcanzó gran popularidad tanto por su calidad artística como por sus relaciones amorosas.

la capucha del chubasquero. No podría encontrar otro lugar mejor en el que estar, veinte años después, más que sentado junto a ella en medio de la oscuridad, rozando levemente su mejilla con el dorso de la mano, susurrando su nombre y oyendo a la Callas. Se estremeció un instante y, como le ocurría en estas ocasiones, despertó. El teléfono móvil vibraba en su riñonera deportiva. Era Antúnez.

–Jefe, buenos días. ¿Va a tardar mucho en llegar? –preguntó inquieto Antúnez.

–No, Antúnez, voy camino de casa, me ducho y en veinte minutos estoy en comisaría. Aún no son las ocho. ¿Ha pasado algo tan importante que no pueda esperar veinte minutos? –replicó el inspector Oliveira.

–Perdone que le moleste, jefe, pero el comisario Lozolla ha insistido en que le localizase inmediatamente. Adivine. El robo del siglo. En la Catedral de Santiago –indicó apresuradamente Antúnez.

–No me lo digas: un peregrino se ha llevado el **Botafumeiro**[4] y nadie se ha dado cuenta –bromeó el inspector–. Y, ¿por qué lo tenemos que llevar nosotros, en A Coruña?, ¿no pueden encargarse los de Santiago? –protestó arrancando con brusquedad el Golf verde aceituna.

–No lo entiende, jefe. Es el robo del siglo: el Códice Calixtino, la obra más importante del Archivo de la Catedral desapareció ayer sin dejar rastro… Dese prisa, jefe. El comisario me está haciendo señas a través de la ventana. Le espera en una hora en el Archivo de la Catedral. Es todo muy desconcertante –avisó Antúnez.

–Muy bien, Antúnez. Dile a Lozolla que voy para allá –dijo el inspector Oliveira colgando el teléfono.

---

[4] **Botafumeiro:** incensario característico de la Catedral de Santiago de Compostela, actualmente el mayor del mundo. Se encuentra colgando y en ocasiones especiales es balanceado de modo espectacular.

***

Santiago de Compostela. 08:40.

Llegaba con diez minutos de retraso. El inspector Oliveira subió de dos en dos los **peldaños**[5] de la escalinata de la Catedral. Se notaba que el deporte le sentaba bien. Junto a una de las puertas de entrada le esperaba Antúnez, apurando el tercer cigarrillo del día.

–Maldito tráfico, ¿eh, jefe? A ver cuándo hacen la **circunvalación**[6] estos de la **Xunta**[7] –bromeó Antúnez.

–Está claro que a Santiago lo mejor es venir andando –le contestó el inspector, siguiendo la broma de su compañero. Se conocían desde su traslado a A Coruña, hacía diez años, y se podría decir que, más que compañeros de trabajo, eran un equipo perfectamente acoplado–. ¿Dónde está Lozolla?

–Se encuentra en el Archivo, con el **deán**[8] principal –apuntó–. Venga, es por aquí.

El inspector Oliveira siguió a Antúnez bajo el **Pórtico de Gloria**[9]. La nave central de la Catedral estaba desierta y se sentía un frío helado, como de piedra, que se le metía a uno hasta los huesos. La primera misa del día había concluido hacía diez minutos y los pocos fieles que a ella solían acudir ya se habían retirado rápidamente a sus casas.

---

[5] **Peldaño:** escalón de una escalera.

[6] **Circunvalación:** vía de tránsito que transcurre por fuera del núcleo urbano.

[7] **Xunta de Galicia**: denominación del Gobierno autonómico de la Comunidad autónoma de Galicia.

[8] **Deán:** canónigo que preside a la comunidad de eclesiásticos de una catedral.

[9] **Pórtico de Gloria:** entrada de la Catedral de Santiago que comunica con la nave central en la que se encuentran representaciones del Apóstol Santiago y de otras referencias bíblicas. Los peregrinos siguen el ritual de colocar la mano sobre la columna principal y golpear ligeramente con la frente sobre la representación en piedra de la cabeza de Adán.

–Realmente es imponente –pensó el inspector Oliveira elevando la vista, admirando la belleza de los frescos y la majestuosidad de las lámparas de cristal que iluminaban la Catedral–. Por aquí, jefe –le indicó Antúnez, dirigiendo sus pasos hacia el Claustro.

Al fondo, a la derecha, se encontraban las dependencias del Archivo de la Catedral. A través de la maciza puerta se escapaba el eco de órdenes y preguntas, seguidas de pasos apresurados y nerviosos de policías que entraban y salían del Archivo.

–Debe ser algo **gordo de narices**[10] para que esté al frente Lozolla –dijo entre dientes el inspector Oliveira, al tiempo que llamó con dos golpes secos y contundentes a la puerta de roble que separaba el claustro de las dependencias del Archivo.

–¡Pase! Buenos días, inspector. Le estábamos esperando –saludó el comisario Lozolla dándole un afectuoso apretón de manos. Era un buen tipo este Lozolla, un poco reservado pero un buen tipo al fin y al cabo.

El inspector Oliveira y Antúnez entraron en la estancia en la que se encontraban el comisario y un cura de mediana edad, al que el comisario presentó como el padre Alterio, el deán principal de la Catedral.

–¿A qué vienen tantas prisas, Lozolla? –quiso saber el inspector.

–¿No se ha enterado aún, inspector? Está en todas las noticias: el Códice Calixtino ha desaparecido –informó el comisario.

–Imagino que debe estar hablando de un libro. Ya sabe que yo de misa diaria no soy, que digamos –ironizó el inspector.

–No se trata de un simple libro –intervino el deán–. No sé qué vamos a hacer cuando llegue el Obispo… Es una desgracia –se lamentó.

---

[10] **(Ser) gordo de narices:** expresión que significa que algo, una situación tiene mucha importancia o es muy grave.

–Lo siento, comisario –dijo el inspector encogiéndose de hombros y dirigiéndose a Lozolla–, pero no entiendo nada.

–Sentémonos todos –invitó a los presentes el comisario, señalando una mesa de madera a la que acompañaban dos robustas sillas y un amplio banco, ambos de madera y cuero, que, a esta hora de la mañana, aparecían bañadas por el tímido sol que entraba por una de las ventanas que iluminaba la habitación. A su izquierda, ascendía una escalera de piedra de donde venía el sonido de más voces y pasos; a su derecha, tan solo había una puerta más de roble oscuro, aparentemente cerrada–. Les pondré en antecedentes y, por favor señor deán, corríjame si me equivoco o si cometo alguna imprecisión –solicitó el comisario, a lo que, con gesto grave, asistió el deán–. Estamos ante lo que se ha calificado como el robo del siglo ya que, según parece, han robado una obra de valor incalculable. Parece que se trata de un **manuscrito**[11] del siglo XII que incluía la primera guía de la peregrinación a Santiago de la historia –informó el comisario.

–¿Cuándo sucedió el robo? –quiso saber Antúnez, abriendo su libreta y dispuesto a tomar nota.

–Los archiveros responsables de guardarlo avisaron ayer, martes, a las 20:30 horas, cuando no fueron capaces de encontrarlo tras haberlo buscado sin éxito por todas partes –explicó el comisario–. Parece que lo echaron en falta sobre las 19:00 horas, cuando iban a cerrar el Archivo y uno de los archiveros–mayores, el doctor Salgado, descubrió que la obra en cuestión no se hallaba en su lugar habitual dentro de la caja fuerte del Archivo que se encuentra arriba, en la segunda planta.

–Imagino que los compañeros de la comisaria ya estarán analizando el contenido de las cintas de las cámaras de seguridad, ¿no? –adelantó el inspector apuntando hacia las dos cámaras que se encontraban a la entrada del claustro y a las otras

---

[11] **Manuscrito:** libro escrito a mano.

dos que se encontraban en la entrada a las dependencias del Archivo donde estaban sentados.

–Eso es lo más extraño, inspector –apuntó el comisario–. Al contener obras y documentos de gran valor histórico, como usted ha dicho, existen cámaras en el Claustro por el que se accede al Archivo, también existen cámaras sobre la puerta del Archivo, así como también las hay en el interior de la caja de seguridad de donde han robado el Códice –informó el comisario–. Hasta cinco cámaras pusieron dentro de la caja fuerte para redoblar su seguridad. Sin embargo, y por más desconcertante que parezca, ninguna de estas cinco cámaras apuntaba directamente al lugar exacto en el que se custodiaba el Códice Calixtino –dijo el comisario.

–¿Y qué me dice de los indicios del robo? –preguntó el inspector Oliveira, echando una ojeada a su reloj digital. Las 09:20–. ¿Cristales rotos, cerraduras forzadas?

–Nada –intervino el deán–, de ahí que los responsables del Archivo pensaron inicialmente en la hipótesis de que el manuscrito medieval se había podido perder o tal vez se había colocado en un lugar equivocado.

–¿Y quién tiene acceso a este Archivo, padre Alterio? –continuó el inspector Oliveira.

–Yo soy el responsable por orden del Obispado, pero son el doctor Salgado y la doctora Amaral quienes, en último caso, se encargan de todo lo que respecta a los fondos bibliográficos del Archivo, de guardarlo, del régimen de consulta y de su conservación, ya que forman parte del cuerpo de archiveros–mayores de la Conferencia Episcopal –aclaró el deán.

–¿Y dice que fue uno de estos archiveros quién avisó a la policía? –cuestionó Antúnez.

–No. Fui yo quien llamó a la comisaría de Santiago tras hablar con el doctor Salgado. Él me llamó al móvil y me contó lo sucedido, pues yo ya me encontraba en casa a esa hora –contestó el deán.

–Entonces –intervino el inspector Oliveira–, recapitulando la información: a las 19:00 horas se detecta la falta del manuscrito y una hora y media después se comunica a la policía su desaparición. ¿Es eso? –preguntó el inspector.

–Exactamente –dijo el deán.

–Ahora, si no le importa, inspector –declaró el comisario Lozolla–, dejemos al deán que atienda a sus obligaciones y subamos a la segunda planta para hablar con los archiveros. Ellos nos mostrarán la caja de seguridad de donde desapareció el códice –ordenó el comisario.

Y diciendo esto, se levantaron todos los presentes e iniciaron el ascenso por la escalinata de piedra que daba acceso a la segunda planta del Archivo de la Catedral. Una vez arriba, por una pequeña pero igual de robusta puerta que las anteriores, entraron en la sala principal del Archivo el comisario, el inspector y Antúnez, hallando una acogedora sala rectangular de unos 15 metros cuadrados en cuyo centro se encontraba una mesa oval de madera y cuyas paredes estaban literalmente forradas de enormes estanterías repletas de libros de arriba abajo. La madera pulida del suelo y el techo cubierto igualmente del mismo material, unido a los **mullidos**[12] divanes que servían de local de descanso intelectual, estratégicamente colocados en la única pared que no poseía estanterías, le daban a la sala un clima de sosiego y de tranquilidad que no se veía interrumpida por ningún ruido ni luz estridente. La sola claridad de la luz del sol de Santiago que entraba por las cinco ventanas era más que suficiente.

–¡Qué cantidad de libros! A ella le entusiasmaría este archivo

---

[12] **Mullido, a:** blando, confortable.

–pensó el inspector, dejándose arrastrar una vez más por sus pensamientos.

Aún conservaba el libro de poemas de la **Generación del 27**[13] que, a modo de despedida, le había regalado ella en la única ocasión en que se habían vuelto a ver. Había ocurrido hacía ahora veinte años y el encuentro tan solo había sido de un par de horas. Sin embargo, lo recordaba con tanto detalle que parecía haber durado una eternidad: el tono de su voz, el sonido de su risa, su mirada profunda, el susurro de sus palabras y el roce tímido de su mano se le habían quedado dentro, mucho más adentro que grabado para siempre en el corazón. Sentía ese recuerdo en su pulso, en su respiración, hacía ya parte de su personalidad.

Habían vuelto a verse sin saber ninguno de los dos por qué. Sin embargo, ambos sabían que tenían que reencontrarse. «No puedo pensar que algún día voy a morirme sin volverte a ver», le había dicho él por teléfono para convencerla. «Este será siempre para mí nuestro primer beso, ya que no me acuerdo del primero», le había lanzado ella al despedirse.

–Buenos días –interrumpió el comisario con voz firme–. Soy el comisario Lozolla, y este es el inspector Oliveira y su colaborador, el agente Antúnez –informó el comisario, dirigiéndose a los archiveros que acababan de aparecer en la sala en la que se encontraban–. Estamos al frente del caso del robo del Códice y nos gustaría, si no tienen inconveniente, hacerles unas preguntas y echar un vistazo a sus ordenadores –concluyó saludando a los archiveros y haciendo gestos de aprobación a los otros agentes que se disponían a llevarse las torres informáticas.

–¿Robo? Querrá decir desaparición. El Códice no fue robado

---

[13] **Generación del 27:** gupo de poetas españoles entre los que se encuentran Alberti, Luis Cernuda y Federico García Lorca.

ni va a ser vendido. **Los tiros no van por ahí** [14], si se me permite la expresión –le espetó el doctor Salgado. Era un joven alto y bien parecido, nada que respondiese al tópico del «ratón de biblioteca» que suele relacionarse con la profesión de archivero o de bibliotecario.

–¿Qué insinúa? –preguntó el inspector Oliveira–, ¿que algún miembro de la Catedral ha tenido algo que ver con «la desaparición» del Códice?

–Yo no estoy insinuando nada. Afirmo, sí, que el Códice no ha salido de la Catedral. Es imposible que alguien lo robe –indicó firmemente el doctor Salgado.

–Explíquese, por favor –solicitó el comisario Lozolla.

–Está claro. Ninguno de los puntos de entrada a las estancias del Archivo ha sido forzado, por lo que la persona que se llevó la obra tenía libre acceso al Archivo. De igual modo, la propia caja de seguridad donde se custodiaba el Códice está intacta. ¿Cómo se explica eso? Yo creo que solo alguien que conocía muy bien adónde venía y a lo que venía se ha podido llevar el Códice –sentenció con altivez el doctor Salgado.

–Sospecha, entonces, usted de alguien en concreto, por lo que podemos deducir de sus palabras –apuntó el inspector Oliveira, haciendo un gesto cómplice a Antúnez.

–No me gusta hablar por hablar, y menos acusar a alguien sin pruebas, pero **es público y notorio** [15] que hay algunas personas a las que un error del deán les vendría muy bien… –insinuó el doctor Salgado.

–¿Qué quiere decir? –cuestionó Antúnez con aire irónico.

–No sabes lo que dices, Salgado –dijo una voz al fondo de la sala, junto a la mesa de restauración de manuscritos.

–Sí que lo sé, y tú también Rosalía. Esto solo es el desenlace de

---

[14] **Ir o no ir por ahí los tiros:** expresión que significa que una explicación corresponde o no a las causas de un hecho.

[15] **Ser (algo) público y notorio:** hecho o asunto que todo el mundo sabe o conoce.

la guerra de sotanas que empezó el año pasado con la llegada del padre Alterio –concluyó el doctor Salgado.

Con Rosalía se refería a la doctora Amaral, una mujer también joven y atractiva que, a pesar de ello, respondía más que su compañero al patrón de cuidadosa protectora de manuscritos antiguos, oculta tras una enorme lente de aumento y unas diminutas gafas de montura azul que resaltaban aún más sus bellos ojos del mismo color celeste.

–Según nos ha informado el deán, inspector, parece que hay un grupo de curas, pertenecientes también a la diócesis de Santiago, que no aprobaron en su momento el nombramiento del padre Alterio como deán principal de la catedral, un cargo de gran importancia y prestigio para el que había muchos otros candidatos –apuntó el comisario Lozolla–. Exactamente no nos ha dado nombres pero ya hemos realizado una lista e irán siendo llamados a declarar en los próximos días. El problema es que son bastantes, unos diez, y no es precisamente tiempo lo que nos sobra. Tememos que el Códice pueda salir del país y que le perdamos la pista para siempre. Si entra en el mercado negro de obras de arte, nunca más daremos con él.

–¿Ve? –apostilló el doctor Salgado–, ese es un argumento más a mi favor. Estamos hablando de una obra única, irrepetible. Una obra que tan solo para ser consultada era necesaria una autorización superior del Obispado. Incluso un ladrón de obras de arte principiante sabría que un manuscrito de esta categoría es imposible de colocar en el mercado negro. Nadie lo compraría.

–Y usted, ¿qué opina? –preguntó el inspector Oliveira dirigiéndose hacia la mesa donde se encontraba la doctora Amaral–. Parece que no apoya la opinión de su compañero. ¿Acaso tiene alguna otra hipótesis que quiera compartir con nosotros? –invitó, cordial el inspector.

Algo pareció molestar a la doctora Amaral que, sin responder, desvió la lente, se levantó y, con mucha suavidad, rodó el dial de la radio clásica Saba que se encontraba junto a la mesa de restauración, intentando ajustar la emisora y así evitar las interferencias que interrumpían la agradable melodía de la soprano que de ella salía.

–No es que tenga otra hipótesis, inspector. Además, ni siquiera estaba en las dependencias del Archivo cuando mi compañero dio la voz de alarma. Simplemente, no me gustan ni las habladurías ni la falta de rigor –**dejó caer**[16] la doctora Amaral–. Si algo he aprendido en mi profesión es que el rigor es algo fundamental que debe respetarse.

–Pruebe con Ballistol –dijo el inspector, acercándose con interés a la radio–. Para lubrificar convenientemente los contactos de estas radios antiguas, lo mejor es pulverizar ligeramente con el aceite alemán. Nunca falla.

La doctora, como el resto de los presentes, miraba con estupefacción a Oliveira.

–¿Cómo dice? –preguntó la doctora–. Perdone, pero no le he entendido. Pensé que estábamos hablando del robo del Códice –manifestó incómoda.

–Lo lamento, pero no he podido evitarlo –se disculpó amablemente el inspector–. Yo también soy aficionado a las radios clásicas y he notado que a la suya le hace falta un retoque sin importancia. No hay nada que se compare con la calidez del sonido de una Schaub Lorenz de los 60, si me permite la opinión, y mejorando lo presente, claro –dijo señalando la radio de la doctora–. ¿Del 60 o del 61? –preguntó con interés.

–Del 61 y comprada en el **Rastro de Madrid**[17], para más

---

[16] **Dejar caer:** insinuar, sugerir.

[17] **Rastro de Madrid:** mercadillo al aire libre que se localiza en la capital de España, cercano a la Puerta de Toledo, en el que cada domingo se pueden encontrar antigüedades, piezas para coleccionistas y otros productos de segunda mano.

señas –le espetó la doctora–. Y gracias por su consejo. ¿Cómo ha dicho que se llamaba el aceite que debía aplicar? –preguntó, apresurándose a tomar nota.

–Ballistol. Es un aceite original de la antigua República Federal de Alemania, de textura muy viscosa, creado en los años 40 para la lubrificación de armas del ejército alemán que, después de la Segunda Guerra Mundial, se popularizó mucho entre los miembros del ejército de los Estados Unidos. Puede encontrarlo fácilmente en tiendas especializadas o por Internet –informó el inspector Oliveira.

–Muy interesante, inspector –intervino el comisario–, pero centrémonos en el caso que tenemos entre manos. Les recuerdo que no contamos con mucho tiempo y que aún tenemos muchos datos que analizar. Si no tiene más preguntas que hacer a los archiveros, y si no tiene ningún otro consejo casero que dar –ironizó sin malicia dirigiéndose al inspector Oliveira, quien negó con gesto serio–, les sugiero que nos traslademos a la Comisaría para poner orden a la situación y para analizar las grabaciones de las cámaras de seguridad y los datos de los ordenadores.

–Claro, sin problema –afirmó el inspector–. Adiós, buenos días –se despidió mirando a la doctora Amaral.

–Adiós –dijeron Antúnez y los archiveros al mismo tiempo.

–Buenos días. Si les necesitamos, entraremos en contacto con ustedes. Muchas gracias –dijo el comisario.

DURANTE LA LECTURA

1. Contesta a las siguientes preguntas.

    a. ¿Cuándo fue visto el Códice por última vez?

    b. ¿Quién y cuándo dio la voz de alarma?

    c. ¿Quién avisó a la policía?

    d. ¿Quién tenía acceso al Códice?

2. Los agentes encargados de investigar el caso piensan que ha sido un robo. Sin embargo, el doctor Salgado tiene otra hipótesis. ¿Cuál es?

3. Por las palabras y acontecimientos de la primera parte, vemos que el inspector Oliveira y la doctora Amaral tienen dos cosas en común. ¿Sabrías decir cuáles son?

4. Busca las pistas: ¿qué va a suceder? Con ayuda del siguiente esquema, recoge toda la información conocida hasta ahora sobre el robo (qué, dónde y cuándo) e intenta predecir lo que va a suceder a continuación (quién, cómo y por qué).

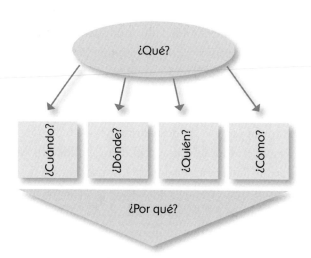

¿Qué?

¿Cuándo?   ¿Dónde?   ¿Quién?   ¿Cómo?

¿Por qué?

Comisaría de Policía de Santiago de Compostela. 12:00 horas.

–¿Qué tenemos, Antúnez? –se interesó el inspector Oliveira.

–Nada sospechoso, jefe –dijo, contrariado, Antúnez–. Las grabaciones de las cámaras de seguridad no revelan ningún movimiento extraño. La verdad es que poca gente ha pasado por el Archivo durante esta semana. Tan solo los archiveros, el deán principal y algún otro cura al que se le presta algún libro. Nada inusual.

–Tiene que haber algo, Antúnez, algo diferente, algún movimiento extraño, algo que se nos ha escapado... –insistió el inspector–. Y, ¿qué me dices de los ficheros de las torres informáticas? ¿Ha llegado ya el informe de los agentes encargados de analizarlos?

– Sí –informó Antúnez–, ya lo hemos recibido. Han analizado los discos duros y las cuentas de correo electrónico dependientes del servidor del Obispado. Aquí tiene, inspector, échele un vistazo usted mismo –dijo, tendiéndole los documentos.

–Gracias, Antúnez –agradeció–. Por cierto. La doctora Amaral dijo antes que no estaba presente cuando su compañero dio la voz de alarma. ¿Ya han averiguado dónde se encontraba en el momento de la «supuesta» desaparición?

–Sí. Según nos ha informado el deán, la doctora Amaral es la responsable de la restauración de los manuscritos del Archivo de la Catedral y parece que estuvo toda la tarde del martes en el taller de restauración y encuadernado artesanal que trabaja para el Archivo. Según nos dice el deán, es un trabajo muy delicado que necesita una supervisión muy cuidada y rigurosa de la que se encarga la doctora. Ahí, en el informe, tiene la dirección pues es uno de los principales destinatarios de los correos electrónicos de la doctora –indicó Antúnez.

–Muy bien. Lo analizaré todo mientras **pico**[18] algo en una terraza. En cuanto ponga las ideas en orden, te llamo y comemos. –Se despidió, poniéndose la cazadora y guardándose el informe debajo del brazo–. Está claro que se nos escapa algún detalle.

El inspector salió de la comisaría que se encontraba relativamente cerca de la **Plaza del Obradoiro**[19] y dirigió, nuevamente, sus pasos hacia la Catedral. El efecto visual que la grandeza del templo y las reducidas dimensiones del ángulo de observación provocaban en el visitante inexperto se parecían a una sensación de vértigo, al parecer que la Catedral de piedra se le venía a uno encima. Fantaseó por un instante sobre lo que podrían haber podido sentir esos primeros peregrinos medievales que, guiados por el Códice Calixtino, llegaban a adorar al Apóstol ávidos de fe, de perdón o vaya usted a saber de qué.

Sin darse cuenta, y tras caminar sin rumbo durante un rato, se dio de frente con la entrada del Teatro principal de la ciudad en el que, en su planta baja, habían instalado un café–teatro recientemente. «Aquí estaré tranquilo», dedujo el inspector Oliveira entrando en el café. Y acertó, pues tan solo algunos estudiantes de Arte Dramático, a juzgar por su estilo vanguardista y glamuroso, ocupaban dos de la media docena de mesas con las que contaba el local.

Tras un buen **albariño y un trozo de empanada de pulpo**[20], del que dio cuenta de dos **bocados**[21], el inspector Oliveira se dispuso a analizar el informe sobre los datos encontrados en

---

[18] **Picar:** comer algo ligero entre las principales comidas del día.

[19] **Plaza del Obradoiro:** plaza situada en el casco histórico de Santiago de Compostela.

[20] **Albariño y empanada de pulpo**: vino y torta de hojaldre rellena de pulpo, respectivamente, muy típicas de la gastronomía gallega.

[21] **Bocado:** mordisco.

los ordenadores del Archivo. Nada extraño, nada inusual, nada fuera de lo normal: pedidos de visita, encargos de material, intercambio de correos electrónicos con otras instituciones culturales de Europa... nada. Excepto uno de la doctora Amaral que le llamó poderosamente la atención. Había sido enviado el mismo día del robo (o de la desaparición), a las 15:00 horas, e iba dirigido a un tal François Dupois, dueño de una librería especializada en arte de París, según constaba en las notas laterales realizadas por el agente responsable. El mensaje era escueto y estaba claro que quería decir más de lo que a primera vista mostraba: «El sábado, el caballo blanco ya tiene pulgas. Atentamente, Rosalía».

El inspector Oliveira cerró los ojos y, recostándose en la silla del café–teatro, visualizó el mensaje, intentando encontrar la trampilla por la que el conejo entra en el sombrero del mago sin que el público lo vea. Tenía que estar ahí, delante de sus ojos, escondido tras las inocentes palabras. Pensó en Rosalía, en la delicadeza de sus manos, en la precisión con la que la vio sintonizar la radio Saba del Archivo, en la viveza de sus ojos azules, en la claridad de los rayos del sol entrando por las ventanas del Archivo. Pensaba, más allá de los pensamientos, nuevamente en ella, en el amor perdido que la vida le había robado, en los hilos frágiles que aún les unían, en su cobardía al haberla dejado marchar...

Y apareció ante él. Había encontrado la puerta falsa del mensaje, el secreto del decorado, el final de la obra de teatro: se trataba del *Marché aux puces*, el llamado «mercado de las pulgas» del barrio parisino de **Sain-Oven**[22]... Ahí estaba el Códice, el

---

[22] **Sain-Oven:** (mercado de las pulgas de París) mercadillo al aire libre que se celebra de sábado a lunes en París. Se asemeja al Rastro de Madrid, a la *Feira da Ladra* de Lisboa o a los diferentes *Flohmarkt* de Alemania.

caballo blanco de Santiago[23]. Debían ir a recuperarlo antes del sábado o perderían su pista para siempre.

***

Sábado, carretera de A Coruña, 10:00 horas.

Después de tres intensos días de trabajo, el inspector Oliveira y Antúnez volvían a Sada. Antúnez conducía el Golf del inspector pues su jefe se encontraba en comunicación telefónica permanente con el comisario Lozolla. Este se había trasladado a París la noche anterior para intentar recuperar y traer de vuelta el Códice Calixtino a España antes de que se perdiese en el anonimato del mercadillo parisino. En efecto, y tal y como había anunciado el inspector, y gracias a la precisa colaboración de los policías franceses, acababan de localizar el manuscrito en el puesto de antigüedades que el señor Dupois tenía en el mercado.

Según acabó por confesar después, lo había recibido el día anterior por mensajería privada desde Santiago. Lo que pensaba hacer con él nunca se supo, aunque se sospecha que tenía intención de vendérselo a algún nuevo millonario del Medio Oriente que deseaba tenerlo entre sus excentricidades lujosas personales.

–Lo que aún no me ha explicado es cómo logró sacar la doctora Amaral el Códice de la Catedral sin que nadie la viera para enviarlo a París –dijo curioso Antúnez.

–Enseguida supe que la clave estaba en el taller de encuadernación. Después de entender el significado que ocultaba el correo electrónico, que claramente hacía referencia al Apóstol Santiago y al mercado de las pulgas, me dirigí al taller de encuadernación en el que, supuestamente, la doctora Amaral había pasado toda la tarde del martes. Y, efectivamente, el propietario del taller, el señor Moltalvo, que también es el colaborador en

---

[23] **Caballo blanco de Santiago:** según se encuentra registrado en fuentes bibliográficas y pictóricas, se dice que el Apóstol Santiago montaba un caballo blanco cuando entraba en batalla durante la Reconquista de la Península Ibérica a los musulmanes.

la restauración de las encuadernaciones de los manuscritos del Archivo de la Catedral, me confirmó que ese día había recibido tres manuscritos, enviados individualmente por mensajería, de los cuales no había desempaquetado ninguno cuando llegó la doctora. Esto sucedió sobre las 15:30 horas y el señor Montalvo me dijo que su visita transcurrió con toda normalidad y que tan solo duró una hora –dijo el inspector, contemplando la línea de la costa que ya se adivinaba a lo lejos.

–Eso quiere decir que no estuvo toda la tarde en el taller, ¿no es eso? –quiso confirmar Antúnez con satisfacción–. ¿Y el restaurador no notó nada extraño en el comportamiento de la doctora?

–Sí. Según me comentó, la doctora Amaral estuvo más exigente de lo habitual pues llegó incluso a indicar ella misma el paquete que debía abrir primero y a rechazar hasta dos tipos de pieles para las nuevas encuadernaciones de los manuscritos. Esto, tal y como me indicó el señor Montalvo, le obligó a ausentarse de la estancia principal del taller durante unos momentos para bajar al sótano a buscar más muestras de piel del gusto de la doctora. Y ahí estaba la clave: ella necesitaba que el artesano saliese del taller para recuperar el Códice que ella misma le había enviado y que había estado, todo ese tiempo, ahí, delante de sus ojos, empaquetado como otro manuscrito cualquiera –reveló el inspector Oliveira.

–¿Y cómo lo descubrió, jefe? –insistió Antúnez.

–No fue fácil –admitió el inspector–, pero, buscando entre pieles y papeles, logré localizar los envoltorios originales de los manuscritos que, aparentemente, no presentaban ninguna diferencia. Aparentemente, la verdad, porque aún siendo idénticos pude notar una diferencia en uno de ellos: la firma del encargado del registro de la Catedral no era exactamente igual en uno de los envoltorios, lo que me llevó a pensar que la firma era falsa. El encargado nos lo confirmó más tarde.

–O sea que la doctora **dio el cambiazo**[24], recuperó el Códice, y se lo envió por mensajería privada al librero de París, deshaciéndose así de las pruebas que la pudieran señalar como sospechosa o como culpable –resumió Antúnez.

–Así es –aprobó el inspector.

–¿Y por qué lo hizo? ¿Simplemente por dinero? –se asombró Antúnez.

–No solo por dinero, Antúnez, la movió más la falta de rigor –matizó el inspector Oliveira–. Ella sabía que, a pesar de su valía científica y de su gran labor como conservadora, no había sido elegida para un puesto de gran prestigio en la Biblioteca Nacional. En vez de ella, habían seleccionado a su compañero, el doctor Salgado, que tiene mucho menos currículum que ella pero que, digámoslo así, está «mejor relacionado» en las altas esferas ministeriales. Su desilusión fue tanta, y tanta fue también su frustración, que decidió mostrar a todos las graves consecuencias que puede conllevar la falta de profesionalidad.

–Un precio muy caro el de ese rigor, ¿no cree, jefe? –ironizó Antúnez, aparcando el coche junto al portal del inspector.

–Tal vez, Antúnez, tal vez. ¿Sabes? A veces nos arrastran sin remedio los sentimientos –terminó el inspector, de cara al mar, dejándose llevar, una vez más, por la nostalgia de los recuerdos.

---

[24] **Dar el cambiazo:** expresión que indica que algo se ha puesto en lugar de otra cosa.

1. El inspector Oliveira resuelve el robo al centrar sus pesquisas en los movimientos de la doctora Amaral. Vamos a reconstruir sus acciones con ayuda de esta línea temporal.

| Antes de las 15:00 h. | A las 15:00 h. | A las 15:30 h. | Después de las 15:30 h. |

2. Muchos de los peregrinos de la Edad Media eran monjes de diferentes órdenes religiosas que viajaban hasta las ciudades santas y escribían posteriormente sus vivencias y penalidades. A continuación, tienes el relato de una de estas peregrinaciones al que se le han borrado algunas palabras. Intenta «restaurarlo» con ayuda de las opciones que te presentamos en el siguiente recuadro.

Europa ● milagros ● copia ● códice ● peregrino ● Templarios ● perdón ● monje ● dinero ● libros ● estatuilla ● asaltos ● órdenes ● testamento ● salvoconductos ● peligros ● voluminoso ● vieira

En el año de 1172 o 1173 llegó a Compostela un (a)............... del gran monasterio catalán de Ripoll. Le había impulsado a hacer este viaje la devoción y la curiosidad; deseaba obtener con esta peregrinación el (b)............... de sus pecados y, al mismo tiempo, ansiaba conocer un lugar venerado por todas las gentes de (c)................

Arnaldo de Monte, que así se llamaba el monje, elaboró su (d)............... y comenzó su viaje de penitencia que estuvo lleno de (e)................ Los peregrinos de esa época sufrían frecuentemente (f)............... en los caminos y posadas. Por ello, la Iglesia creó (g)............... religiosas que los protegían y asistían durante el viaje, como los (h)................

También los peregrinos llevaban consigo (i)..............., cartas y otros objetos que les otorgaba su condición de (j)................

Cuando Arnaldo de Monte llegó a la Catedral de Santiago, curioseó los (k)............... de la Catedral y se sorprendió al encontrar entre ellos un (l)............... dedicado todo él al Apóstol Santiago y en el que había una relación de sus (m)............... que no se encontraba entre los libros de Ripoll. Inmediatamente, decidió transcribirlo para enriquecer con la (n)............... la biblioteca de su monasterio. Como el códice era muy (ñ)............... y le faltaba (o)..............., solo consiguió transcribir una parte.

Antes de marcharse, donó a la Catedral una (p)...............del Apóstol Santiago y regresó a su monasterio con una (q)...............de las playas de Finisterre de recuerdo.

3. El día 9 de enero de 2012 hubo un nuevo robo de otra obra de arte muy importante: robaron un cuadro de Pablo Picasso en un museo de Grecia. Estos son los datos que han trascendido. ¿Podrías ordenarlos?

A

Se trata de "Cabeza de mujer", un óleo de 56 por 40 centímetros pintado por Picasso en los años 30. Es el único cuadro del pintor español que posee la Galería Nacional de Arte de Atenas. Fue donado por el pintor en los años 40.

B

Con un instrumento cortante, extrajeron el lienzo de su marco y, después, intentaron sin éxito hacer lo mismo con otro cuadro que se encontraba al lado.

C

Los guardias de seguridad entraron en la sala y se dieron cuenta de que faltaba el famoso cuadro, por lo que dieron la voz de alarma y llamaron a la policía griega.

D

Penetraron en la pinacoteca y se dirigieron a la sala donde estaba expuesto el cuadro de Picasso.

E

Los ladrones se montaron en el coche que les había llevado al museo y desaparecieron sin dejar rastro.

F

Unos ladrones encapuchados forzaron la puerta de emergencia de un balcón del entresuelo.

G

En ese momento saltó la alarma de seguridad y los ladrones huyeron por el mismo lugar por donde habían entrado al museo.

Claves

ANTES DE LA LECTURA

2. 1. a; **2.** falso; **3.** c; **4.** b.

DURANTE LA LECTURA

1. a. El martes a las 19:00 horas; **b.** El doctor Salgado llamó al padre Alterio entre las 19:00 y las 20:30 horas; **c.** El padre Alterio; **d.** El padre Alterio y los archiveros-mayores de la Catedral.

2. Cree que, por envidia, algún eclesiástico de la Catedral ha escondido el Códice para perjudicar la reputación del padre Alterio.

3. Les gustan las radios antiguas y la ópera.

4. **¿Qué?** Han robado el Códice Calixtino; **¿Dónde?** Del Archivo de la Catedral de Santiago de Compostela; **¿Cuándo?** Un día indeterminado antes de las 19:00 horas del martes 06.07.2011; ¿Quién? y ¿Por qué? son preguntas abiertas hasta el final del relato.

DESPUÉS DE LA LECTURA

1. Antes de las 15:00: empaquetó y envió 3 manuscritos, entre los que se encontraba el Códice Calixtino; **A las 15:00:** envió un correo electrónico a François Dupois con la contraseña que indicaba que el Códice había salido de la Catedral; **A las 15:30:** entró en el taller de restauración y encuadernado y obligó al Sr. Montalvo a ausentarse para sustituir el Códice por otro manuscrito que ella llevaba consigo; **Después de las 15:30:** salió del taller de restauración y envió el Códice a su contacto en París por mensajería privada.

2. a. monje; **b.** perdón; **c.** Europa; **d.** testamento; **e.** peligros; **f.** asaltos; **g.** órdenes religiosas; **h.** Templarios; **i.** salvoconductos; **j.** peregrino; **k.** libros; **l.** códice; **m.** milagros; **n.** copia; **ñ.** voluminoso; **o.** dinero; **p.** estatuilla; **q.** vieira.

Texto adaptado parcialmente de Vázquez de Parga, L. (1947) "El *Liber Sancti Jacobi* y el Códice Calixtino", en *Revista de Archivos, Bibliotecas y museos*. Madrid, pp. 36-46 y Vecoli, F. y Mandel Khân, G. (2011) *Diccionário das Religiões: Peregrinações I*. Milán: Mondadori Electra.

3. A/F/D/B/G/C/E

VIII

El agente secreto

Alberto Pastor Sánchez[*]

 8

[*] (Alicante, 1983). Licenciado en Filología Inglesa por la Universidad de Alicante. Máster Oficial en enseñanza de español e inglés como segunda lengua o lengua extranjera. Ha sido profesor de español para extranjeros en Tánger (Marruecos) y actualmente es profesor de español para extranjeros en Proyecto Español. Es monitor de actividades extraescolares en Summer Camp (Proyecto Español, Alicante).

1. Observa la imagen de la portada del relato. ¿Qué crees que hace el chico en el museo? ¿Crees que el cuadro es importante para la historia? Deja volar tu imaginación y brevemente di qué piensas que va a ocurrir. El título del relato te puede dar una pista.

2. A continuación tienes una serie de expresiones o frases hechas que aparecen en el relato en cursivas. Relaciona cada expresión con su significado. Corrige tu respuesta durante la lectura según el contexto en el que aparecen las expresiones.

1. Ir sobre ruedas.
2. La avaricia rompe el saco.
3. A otra cosa mariposa.
4. Aburrirse como una ostra.
5. Pillar con las manos en la masa.
6. Ponerse como un tomate.
7. No tener pies ni cabeza.
8. Estar como una regadera.
9. Volver algo a alguien loco.
10. Pan comido.
11. La práctica hace al maestro.
12. Ser un forofo.
13. Tener cara de pocos amigos.
14. Quedarse boquiabierto.
15. Darle vueltas a la cabeza.
16. Coser y cantar.
17. Bajar el tono.
18. Como anillo al dedo.
19. Echarlo a suertes.

a. Hablar más bajo.
b. Estar muy enfadado.
c. No tener sentido.
d. Salir todo bien.
e. Recapacitar. Pensar muchas veces en algo
f. Muy fácil.
g. Estar loco.
h. Aburrirse mucho.
i. Perfecto.
j. Ser fan o gustar una actividad o un deporte mucho.
k. Querer muchas cosas y al final no conseguir nada.
l. Muy fácil.
m. Ponerse rojo de vergüenza.
n. Gustar algo a alguien mucho.
ñ. Elegir algo mediante un juego de azar.
o. Quedarse sorprendido.
p. Cambiar de asunto, hacer otra cosa.
q. Con mucha práctica al final la gente se hace experta.
r. Descubrir a alguien en el momento que hace algo.

En el fondo del cibercafé, alrededor del ordenador más alejado de la puerta principal, dos hombres de mediana edad mantienen una conversación en voz muy baja. Van vestidos completamente de negro, con una cazadora de cuero y un gorro de lana. Uno de ellos, el que teclea en el ordenador, tiene barba y unas gafas gruesas también de color negro. El otro parece unos años más joven y se acerca nervioso para mirar la pantalla del ordenador.

–Jefe, ¿crees que funcionará? –pregunta el hombre más joven mirando **incrédulo**[1] al ordenador.

–No perdemos nada por intentarlo. A veces las ideas más simples y absurdas son las que mejor resultado dan. Y si no me crees, toma como ejemplo el Chupa Chups. ¿Quién diría que una idea tan simple como atravesar un caramelo con un palo iba a hacer a su dueño multimillonario? Por cierto, ¿sabías que el inventor era español?

–No, no tenía ni idea. Pero esto es distinto. Esto supone un riesgo y podemos terminar en la cárcel.

–¡Ay, mi querido amigo! Llevo muchos años en esta profesión, tú eres nuevo y no lo sabes, pero si nuestro plan funciona, todo *irá sobre ruedas*. Esta vez no habrá ningún riesgo del que preocuparse, eso se lo dejaremos a otra persona. Mira, es fácil, solo tenemos que escribir nuestro anuncio en esta página de Internet y esperar. –El hombre mayor teclea algo en el ordenador con una sonrisa cómplice en los labios.

–¡Ojalá funcione! Será nuestro **golpe**[2] definitivo.

---

[1] **Incrédulo, a:** que no cree con facilidad o no está muy convencido sobre una idea.
[2] **Golpe:** robo o atraco.

–¿Definitivo? Mi querido **aprendiz**[3], el dinero se gasta muy pronto. Si nuestro plan funciona, este será el comienzo de una serie de robos en cadena. El mayor de toda la historia. Hasta que seamos inmensamente ricos y nos queramos retirar y vivir en una isla del Caribe. –Al hombre mayor le brillan los ojos con ilusión al decir esto. Su aprendiz, aún algo incrédulo, sigue con la mirada fija en la pantalla.

–*La avaricia rompe el saco.* Creo que sería mejor probar una vez y si funciona invertir bien el dinero y *a otra cosa mariposa.* Dale al botón de aceptar y vámonos de aquí. El dueño del cibercafé lleva un rato mirándonos de forma muy extraña.

El hombre más joven se levanta de la silla. Su compañero le coge del brazo y en voz muy baja le pregunta:

–¿Tienes algunas monedas para pagar la hora de Internet?

El aprendiz niega con la cabeza. El hombre de la barba mira con una sonrisa a su aprendiz y le pregunta:

–¿El truco del móvil o el truco de los cigarrillos?

–El del móvil. He olvidado el tabaco en casa.

Los dos hombres sacan su teléfono móvil del bolsillo de la chaqueta, fingen una conversación y se aproximan a la puerta de salida. Cuando pasan cerca del mostrador, donde está el dueño del cibercafé, miran al suelo y dicen: «Cariño espera, voy ahora mismo al hospital». En ese momento los dos hombres salen corriendo del local y desaparecen entre el tráfico y la gente de la calle.

***

Su trabajo era muy aburrido. Nunca ocurría nada especial. Cuando Marcos empezó a trabajar de guarda de seguridad en el centro comercial, hace ya casi dos años, imaginó que tendría

---

[3] **Aprendiz:** persona que aprende algún arte u oficio.

que detener a **carteristas**[4] o perseguir a delincuentes entre los pasillos y reducirlos con su **porra**[5]. Imaginó que sería temido y respetado por todos debido a su uniforme, que su trabajo sería una continua aventura en la que pondría su vida en peligro día tras día. Sin embargo, su trabajo se resumía en pasear por todo el centro comercial durante seis horas y en los turnos de noche ayudar a cerrar las puertas principales. Sus pies le dolían y se *aburría más que una ostra*.

Solo una vez, en todo el tiempo que llevaba en el centro comercial, *pilló con las manos en la masa* a un delincuente. Era un **chaval**[6] de no más de diecisiete años que se guardaba algo en el bolsillo de la chaqueta. Cuando Marcos lo sorprendió por la espalda y le puso una mano en el hombro, el chaval *se puso como un tomate* y de la chaqueta le cayó una caja de **preservativos**[7]. Nervioso, los recogió del suelo y los puso en su sitio. Miró con cara de pánico a Marcos y le dijo que no pensaba robarlos, pero le daba mucha vergüenza comprarlos porque la cajera era su vecina. Cuando Marcos le preguntó que por qué no los compraba en otra tienda en la que no trabajara ninguna vecina suya, el joven le respondió que allí eran más baratos. Marcos entendió enseguida que lo que el chaval quería decir era que allí eran más fáciles de robar. No obstante, le dijo que no se preocupara y se ofreció a comprarlos por él. Aparte de este incidente, nada emocionante ocurrió en estos casi dos años.

Cuando Marcos se aburría de tanto pasear, a veces jugaba a adivinar las identidades de los clientes del centro comercial. Se

---

[4] **Carterista:** ladrón de carteras o bolsos.

[5] **Porra:** instrumento o arma alargada utilizada como maza por algunos cuerpos encargados de vigilancia, tráfico, etc.

[6] **Chaval:** niño o joven.

[7] **Preservativo:** condón.

preguntaba cuáles podrían ser sus profesiones o dónde habían estado antes de ir a comprar, incluso dónde vivían o de qué marca sería su coche. Este juego le vino a la mente después de observar a una señora de unos sesenta y muchos años que todos los días compraba dos kilos de zanahorias. Observó a la señora durante más de dos semanas. Todos los días dos kilos de zanahorias, todos los días excepto uno, que compró cuatro kilos porque el día siguiente no fue a comprar. Marcos empezó a buscar una explicación lógica de por qué esta señora compraba tantas zanahorias. Todas las ideas que se le ocurrían *no tenían ni pies ni cabeza* y las descartaba enseguida. Al final llegó a la conclusión de que la mujer fabricaba alguna sustancia **alucinógena**[8] con las zanahorias y las vendía en forma de pastillas en las discotecas. Eso o que la mujer *estaba como una regadera*.

Un día, tal era el aburrimiento, pensó en seguir a la mujer hasta su casa y de alguna manera espiar qué hacía con tantas zanahorias. Pero en ese momento cuando vio a la mujer con el carro de la compra que se dirigía al aparcamiento tuvo una idea mejor. Aprovechó la autoridad que le daba su uniforme y le dijo:

–Señora, disculpe, tengo que hacerle una revisión de la compra. No se preocupe, es algo rutinario. Será solo un minuto.

La mujer le miró extrañada y Marcos le dijo que últimamente algunos jóvenes ponían droga en las bolsas de la compra de otros clientes. Fue la primera cosa que le vino a la mente a Marcos en ese momento y solo después de haberlo dicho se dio cuenta de que no tenía ningún sentido. No obstante, la señora se lo creyó y dejó al guarda de seguridad abrir las bolsas.

–Todo parece estar en orden –le dijo Marcos a la señora con una sonrisa. En ese momento abrió la bolsa donde estaban las

---

[8] **Alucinógeno, a:** dicho de algunas drogas, que producen alucinaciones.

zanahorias–. ¡Ah, ha comprado zanahorias! ¿Las va a hacer en puré?

–No, son para mi hijo... –Marcos no se lo podía creer, el plan dio resultado. Por fin sabría cuál era el secreto de la anciana y las zanahorias. La señora continuó con su explicación–. Trabaja en el zoo, y cada vez que voy a verlo le llevo unas pocas zanahorias al elefante. Debería usted verlo, *le vuelven loco.*

Marcos se quedó un poco decepcionado. Ninguna de sus teorías se aproximaba lo más mínimo a la realidad. En el fondo se alegraba de que aquella señora no trabajara de **camello**[9] en la puerta de una discoteca, pero estaba disgustado por no acercarse con sus teorías a la historia del elefante. Estaba seguro de que si hubiera preguntado a cualquier niño de cinco años por qué una señora compra dos kilos de zanahorias todos los días, casi todos le responderían que porque tiene un elefante en casa. Era obvio. Sentido común podríamos decir. Marcos estaba decepcionado al comprobar que a veces el sentido común es el menos común de los sentidos.

Marcos siempre había querido ser agente secreto. En su infancia, seguramente influenciado por las películas americanas, soñaba con ser un gran detective o trabajar para el gobierno en misiones especiales. No era nada extraño, porque en su infancia todos sus amigos querían ser también policías secretos o detectives. Lo curioso es que este deseo sobrepasó la **pubertad**[10] y continuó en su edad adulta. A sus veinticuatro años Marcos aún soñaba con ser un agente secreto.

Muchas veces se preguntaba cómo los agentes secretos de verdad llegaban a ser agentes secretos. En las películas todo era muy fácil, claro, pero él sabía que en la vida real los gobiernos contra-

---

[9] **Camello:** persona que vende drogas tóxicas al por menor.

[10] **Pubertad:** primera fase de la adolescencia.

tan espías, personal altamente cualificado, gente anónima que su trabajo consiste en solucionar los conflictos mundiales más graves y que nadie sabe quiénes son. Podrían ser nuestros vecinos, podría ser la señora que compraba dos kilos de zanahorias todos los días. Podría ser cualquiera y eso es lo que más le fascinaba a Marcos.

Muchas veces se había preguntado Marcos cómo podría ser uno de ellos, dónde tendría que entregar su currículum vítae o cómo solicitar el puesto y muchas veces, también, se había respondido que llegar a ser un agente secreto no debería ser tan difícil, seguramente consistía en estar en el lugar adecuado en el momento adecuando.

Antes de ser guarda de seguridad, Marcos trabajó como «cliente misterioso». Era un trabajo, en su opinión, bastante relacionado al de los espías del gobierno. La única diferencia era que tenía que ir a los restaurantes que la agencia le decía y probar un menú, comprobar los servicios y luego escribir un informe sobre la calidad de la comida, el trato de los camareros y el tiempo que tardaban en servir. *Pan comido.* La primera vez que trabajó de «cliente misterioso» se puso muy nervioso y pensaba que todo el mundo en el restaurante le miraba y sabía que en realidad trabajaba para una empresa de calidad. Pero, *la práctica hace al maestro* y en los últimos trabajos que hizo Marcos como «cliente misterioso» se sentía tranquilo y era totalmente consciente de que nadie sospechaba nada, incluso a veces, **hacía alarde**[11] de su sangre fría y rellenaba el informe en la mesa del restaurante mientras tomaba el café.

El trabajo como «cliente misterioso» le sirvió también para poner en práctica algunas de las técnicas que utilizaban sus héroes en las películas de espías. Marcos *era un forofo* de este tipo de

---

[11] **Hacer alarde:** presumir públicamente.

cine. Habría visto las películas de James Bond más de veinte veces y, sin embargo, siempre descubría algo nuevo.

Era viernes y Marcos tenía turno de tarde. Terminaría de trabajar a las once de la noche cuando su compañero se presentara para cubrir el siguiente turno. Felipe, su compañero, no era nada puntual y Marcos sabía que tendría que esperar al menos unos diez minutos más pasadas las once para poder ir a casa.

A las once y cuarto llegó Felipe. Se disculpó por su retraso y al ver la *cara de pocos amigos* de Marcos le sonrió y le dijo:

–Hombre, Marquitos, soy español y los españoles siempre llegan tarde, no hay que perder las buenas costumbres.

A Marcos este comentario no le gustó nada porque él también era español y tenía la mala costumbre de ser muy puntual. No le gustaba hacer esperar a las personas porque lo que más le molestaba a él era, precisamente, tener que esperar. Si fuera verdad que los españoles siempre llegaban tarde, entonces Marcos sería la excepción que confirmara la regla.

Hacía una noche espléndida. Las lluvias de la semana anterior habían limpiado algo la atmósfera y a pesar de las luces de la gran ciudad, en el cielo se dejaban **entrever**[12] algunas estrellas. Había ambiente por las calles de Madrid, gente paseando por el centro. De los restaurantes salía el **murmullo**[13] y las risas de los jóvenes que se preparaban para salir de fiesta y dar la bienvenida al fin de semana.

Marcos paseaba tranquilo hacia la boca del metro de la plaza de **Callao**[14], donde tomaría la línea 5 y haría trasbordo en Gran Vía para tomar la línea 1 dirección Pinar de Chamartín. Siempre el mismo recorrido.

---

[12] **Entrever:** ver confusamente algo.
[13] **Murmullo:** ruido que se hace hablando, especialmente cuando no se percibe lo que se dice.
[14] **Callao:** plaza en el centro de Madrid.

En casa preparó algo rápido para cenar y se conectó a Internet. Llevaba varios días buscando un nuevo piso para mudarse, pero todos los que veía tenían un precio demasiado alto. Entró en una página de anuncios clasificados en la que rápidamente leyó algo que le llamó directamente la atención. El anuncio no estaba relacionado con ningún piso de alquiler, sino con su sueño de la infancia. Marcos lo leyó detenidamente. Era un anuncio breve, conciso y escrito con letras mayúsculas. *Se quedó boquiabierto* y lo leyó de nuevo para asegurarse de que era real.

Se busca AGENTE SECRETO
para importante misión secreta
Se valorará experiencia.

Interesados por favor enviar currículum a la siguiente dirección:

franciscojoseperez326@untmail.es

No se lo podía creer. Pensó que sería una broma. ¿Cómo iba el gobierno a buscar agentes secretos en una página de anuncios clasificados? No tenía ningún sentido. Lo leyó otra vez y cayó en la cuenta de que a lo mejor no era el gobierno el que había publicado el anuncio. Podría ser un rico millonario que quería descubrir a su mujer con un amante. Tampoco tenía mucho sentido porque el rico millonario podría contratar un detective privado. Tampoco estaba muy claro que en un anuncio del gobierno apareciera en la dirección de correo electrónico un nombre propio, en todo caso aparecería el nombre de una oficina o las siglas de una empresa. Empezó a *darle vueltas a la cabeza* y no encontraba ninguna explicación lógica.

Después de mirar durante un buen rato la pantalla del ordenador, decidió que para salir de dudas lo mejor sería enviar un correo electrónico con su currículum y esperar una respuesta.

Se puso nervioso porque él no tenía ninguna experiencia como agente secreto y porque desconfiaba un poco del anuncio.

Pero aun así, pensó que podría ser la única oportunidad de cumplir su sueño. Quizás estuviera en el momento adecuado y en el lugar adecuado y si no enviaba ese correo nunca lo sabría y se arrepentiría toda su vida. Incluyó su currículum, tomó aire e hizo *clic* sobre «enviar».

***

–¡Jefe, no se lo va a creer! Han respondido veinte personas al anuncio y en solo cinco días. Tenía usted razón. Esto va a ser *coser y cantar*. Pronto seremos millonarios.

–¡Shhhhh! *Baja el tono* José Miguel –le dijo el jefe al aprendiz con el dedo índice apoyado en los labios–. Recuerda que tenemos que ser discretos con este tema y no llamar mucho la atención. Creo que hemos hecho mal al venir al mismo cibercafé del otro día.

–No se preocupe, me he fijado antes de entrar, la persona del mostrador es otra. Soy muy bueno recordando las caras. El otro día había un hombre viejo con barba y hoy hay una chica joven de unos veinte años.

–No te fíes, podría ser su padre y venir en cualquier momento. Bueno, vamos a ver que tenemos aquí. –El jefe se acercó al ordenador y se puso a revisar los currículum de las personas que habían contestado al anuncio del agente secreto.

–Hay gente muy preparada, jefe. Mire, un estudiante de criminología, un detective secreto y varios jóvenes que están estudiando para ser policías. Con alguien así de preparado va a ser realmente fácil.

–De nuevo, te equivocas. Alguien muy preparado nos descubriría enseguida. Debemos elegir al más inocente de todos, alguien sin experiencia que no sospeche absolutamente de nada. Un **pardillo**.[15]

–En ese caso, solamente podremos contar con cuatro de los

---

[15] **Pardillo, a:** aldeano. Dicho de una persona: incauta, que se deja engañar fácilmente.

currículum. Mire, podemos elegir entre un estudiante de baile clásico que participó en un concurso de baile de la televisión y quedó en tercer puesto. O una señora mayor, jubilada, que nos envía una foto dándole de comer zanahorias a un elefante. O bien, un vigilante de seguridad de un centro comercial que trabajó como cliente misterioso. Y por último, un **churrero**[16] que está en el **paro**[17] que le encanta cantar flamenco.

–Perfecto. Son patéticos los cuatro. Cualquiera de ellos nos vienen *como anillo al dedo.*

El jefe, se levantó de la silla y cuando se giró vio en el mostrador del cibercafé a un hombre, de unos sesenta años, con barba. Miró a su aprendiz y le dijo:

–Me temo que hoy nos tocará pagar, ¿llevas alguna moneda?

–Sí, hoy sí, jefe. No se preocupe. Pero entonces, ¿a quién elegimos para la misión?

–Como te acabo de decir, cualquiera de ellos valdría. *Échalo a suerte.* Vamos a llamar a uno de ellos y a esperar, pronto seremos ricos.

José Miguel, su aprendiz, sacó su teléfono móvil y se lo ofreció a su jefe para que llamara. Francisco José miró a su aprendiz y le dijo:

–¿Qué haces **insensato**[18]? Si utilizamos el teléfono móvil, nos descubrirán enseguida. Recuerda, tenemos que utilizar siempre teléfonos públicos y permanecer en el anonimato, es decir, nunca decir nuestro nombre ni dar pistas para que nos puedan descubrir. ¡Ay, mi querido José Miguel, te queda tanto por aprender!

---

[16] **Churrero, a:** persona que hace o vende churros.
[17] **Estar en el paro:** desempleado, sin trabajo.
[18] **Insensato, a:** falto de sensatez, tonto.

DURANTE LA LECTURA

1. **Contesta a las siguientes preguntas.**

a. ¿Qué técnica utilizan los dos hombres del cibercafé para salir sin pagar?

b. Marcos es guarda de seguridad, ¿cómo pensaba que sería su trabajo antes y cómo es realmente?

c. ¿Cuál es la teoría de Marcos sobre la mujer que compraba zanahorias todos los días?

d. ¿En qué trabajó Marcos antes de ser guarda de seguridad? ¿Cuál era su función?

2. **Marcos respondió al anuncio para ser agente secreto. Pero hay mucha información que no sabemos todavía. Habla con tu compañero.**

a. ¿Cuál crees que puede ser la misión altamente secreta?

b. ¿Por qué crees que Marcos respondió al anuncio aun cuando no se fiaba mucho de él?

c. De los cuatro candidatos para agente secreto, ¿cuál crees que está más preparado para una misión secreta? ¿A cuál no elegirías nunca?

d. ¿Responderías tú a un anuncio similar? ¿Te gustaría ser agente secreto? ¿Por qué?

3. **Mira los siguientes anuncios y coméntalos con un compañero siguiendo el ejemplo. Utiliza *que* + subjuntivo.**

a.
Karaoke busca
CAMARERO

REQUISITOS:
• Experiencia previa.
• Entre 25 y 30 años.
• Buena presencia.
• Inglés y francés.
• Vivir en la provincia.
• Saber cantar.

b.
¡Buscamos
compañero de piso!

IMPORTANTE:
No fumador.
Ordenado, amante de
los animales,
simpático y con
sentido del humor.

c.
Importante empresa busca
COMERCIAL
con **alemán**, **chino**
e **informática**

Gusto por viajar.
Carné de conducir.

a. *Mira, buscan un camarero que tenga experiencia, que...* ....
....

b. *Necesitan un compañero de piso que...* ....
....

c. *Buscan un comercial que... Buscan un comercial que....* ....
....

Había pasado casi una semana desde que Marcos respondió al anuncio del agente secreto. Todos los días miraba el correo electrónico varias veces por si acaso le respondían dándole alguna información sobre la misión secreta o para citarle a una entrevista personal. Según iban pasando los días, la confianza de Marcos en que le respondieran disminuía. Sin embargo, y para su sorpresa, justo después de comer y cuando se decidía a echarse una siesta recibió la llamada tan esperada. Era una voz metálica, distorsionada con algún aparato electrónico para que fuera completamente irreconocible.

–¿El señor Marcos Peña Sánchez?

–Sí, soy yo.

–Usted respondió a un anuncio para ser agente secreto, en una misión altamente secreta, ¿es correcto?

–Sí, así es. Usted debe de ser Francisco José.

La voz metálica **enmudeció**[19] durante unos segundos y muy sorprendida preguntó:

–¿Cómo sabe usted mi nombre?

–Lo supuse porque venía escrita en la dirección de correo electrónico.

La voz metálica, un poco irritada, pensó que los habían descubierto y que la misión tendría que cancelarse. Estaba nervioso, pero pensó que un nombre no es tan importante, ¿cuántas personas habría en Madrid que se llamasen Francisco José? Después de unos segundos de silencio dijo:

–Señor Marcos, ha sido usted seleccionado para llevar a cabo la próxima misión secreta.

---

[19] **Enmudecer:** quedarse mudo, sin palabras.

Marcos no podía creer lo que había oído. Había sido seleccionado para una misión secreta. Su sueño de la infancia se haría por fin realidad. La voz distorsionada le informó que pronto se pondrían en contacto con él para darle más detalles sobre la misión. También le dijo que todos sus contactos serían telefónicos y que nunca se conocerían en persona debido a lo arriesgado de la misión. Miles de preguntas rápidamente surgieron en la mente de Marcos. ¿Por qué lo habrían elegido a él? ¿Estaría poniendo su vida en peligro? ¿Tendría que llevar o utilizar alguna pistola? ¿O quizá matar a alguien? ¿Estaría solo o lo acompañaría alguien en esa misión?...

Estaba realmente nervioso, pero se dijo a sí mismo que los agentes secretos son famosos por su sangre fría y sus nervios de acero y si había sido seleccionado entre, seguramente, mil candidatos, tendría que aprender a actuar como un agente secreto profesional y no mostrar miedos o dudas.

Dos días más tarde el teléfono volvió a sonar. Francisco José, que utilizaba aún el distorsionador de voz, informó a Marcos de que en la recepción del Hotel Princesa le entregarían un sobre con todas las instrucciones sobre la misión. En este hotel trabajaba la cuñada de Francisco José, ella le entregaría el sobre. Pensó que explicarle la misión en una carta sería mucho más cómodo que hacerlo por teléfono. Por teléfono le podría hacer muchas preguntas hasta descubrir el engaño y un documento escrito en un sobre siempre parecía más profesional. Francisco José insistió en que Marcos se deshiciera del sobre con fuego después de haberlo leído y entendido bien. Tenían que borrar cualquier pista.

Cuando el jefe se estaba despidiendo, Marcos le preguntó si trabajaría solo en esta misión o tendría algún compañero. Francisco José estuvo bastante tiempo pensando una respuesta. La verdad es que la misión era muy arriesgada para una sola persona, así que decidió que un compañero no le vendría mal. Total, si saliera mal, irían los dos a la cárcel en lugar de uno, cosa que a Francisco José le daba absolutamente igual.

–Sí, tendrás un compañero. Una persona altamente cualificada, pero recuerda que tú serás el jefe de la misión. Apunta el número de tu compañero. –El jefe le pidió a su aprendiz que le diera el número de teléfono de otro de los candidatos y se preparó para dictarle el número a Marcos.

–Señor, no tengo lápiz ni papel para apuntar, estoy en medio de la calle. Le importaría llamarme más tarde o si lo prefiere puede enviármelo por *sms*.

–Vale, no se preocupe, le enviaré un mensaje con el número. Recuerde recoger el sobre y destruirlo después. Ya nos pondremos en contacto con usted.

La conversación telefónica se cortó sin que Marcos tuviera tiempo de despedirse y de darle las gracias por elegirle como agente secreto.

Unos minutos más tarde recibió un mensaje en el móvil con el número y el nombre del que sería su compañero de misión, Andrés. «Una persona altamente cualificada», pensó Marcos repitiendo las palabras de Francisco José en la conversación telefónica.

Era el día libre de Marcos, por eso decidió que sería buena idea llamar a Andrés, quedar con él para conocerlo e ir los dos juntos al Hotel Princesa a recoger el sobre con toda la información de la misión. Quedaron en la Puerta del Sol, justo en la estatua del **Oso y el madroño**[20]. Desde allí irían caminando al hotel y por el camino se conocerían mejor.

Cuando Marcos llegó, la estatua estaba rodeada por una avalancha de turistas que no paraban de sacar fotos al oso. Miró alrededor de la estatua y no vio a ninguna persona que pudiera ser

---

[20] **El Oso y el madroño:** escultura de alto valor turístico y símbolo de la ciudad de Madrid.

Andrés. Esperó unos minutos de pie. Cuando iba a consultar su reloj, un joven se dirigió a él desde el otro extremo de la plaza.

–¡Eh, tú! ¿Eres tú Marcos? –El joven vestía un chándal negro y unas zapatillas de deporte desgastadas. Se acercó a él, venía fumando algo que Marcos no identificó como tabaco.

–Sí, y tú debes de ser Andrés. –A Marcos le pareció muy joven y le molestó que hablara tan alto en medio de la calle.

–Sí, pero nadie me llama así. Me llaman El Churro. Mi abuelo tenía una churrería. –El joven se acercó y le dio la mano como saludo–. Oye, ¿cuál es la misión? ¿Y cuánto nos van a pagar?

A Marcos nunca se le había pasado por la mente la idea del dinero. Para él, solo con colaborar en una misión de estado le parecía más que suficiente, pero si además le pagaban pues mucho mejor.

–No sé cuánto nos pagarán. Solo sé que tenemos que recoger un sobre con documentos que nos explicarán todo lo referente a la misión.

Los jóvenes caminaron hacia el hotel. Por el camino fueron hablando e intentando adivinar de qué misión se podía tratar. Los comentarios de su nuevo compañero, «El Churro» le hicieron sospechar que posiblemente no fuera una persona altamente cualificada para una misión secreta ya que, al igual que Marcos, esta sería la primera misión que llevaría a cabo.

En el hotel, Marcos le pidió al Churro que esperara fuera y vigilara por si ocurría algo extraño. En realidad, le pidió que esperara fuera porque no le parecía adecuado que entrara a un hotel de lujo con un chándal y unas zapatillas de deporte. Los guardas de seguridad sospecharían de ellos. Marcos lo sabía, porque él era guardia de seguridad y siempre sospechaba de los jóvenes que vestían chándal y fumaban **porros**[21].

---

[21] **Porro:** cigarrillo de marihuana o hachís mezclado con tabaco.

En la recepción, preguntó a una chica rubia, joven y con el pelo corto si tenían algún sobre a nombre de Marcos Peña. La chica le sonrió y le dio un sobre de color marrón. Al mismo tiempo que le entregaba el sobre le dijo:

—No sé en qué anda metido Paco ahora, ni me interesa, pero espero que no sea otra de sus ideas brillantes para hacerse millonario. Bastantes problemas tiene ya con la ley como para meterse en otro lío.

—¿Paco?

La chica lo miró con cara de sorpresa.

—¡Ah, Francisco José! Usted perdone. No tengo tanta confianza con él para llamarle Paco. Y no se preocupe, en este sobre solo hay información altamente confidencial de una misión que tenemos entre manos —dijo Marcos a la recepcionista.

La chica lo miró a los ojos y le advirtió de que tuviera mucho cuidado con Paco y sus ideas brillantes. Marcos no hizo mucho caso a la advertencia de la recepcionista, salió del hotel y buscó al Churro. El joven estaba hablando y compartiendo un cigarro con unos guardias de seguridad del hotel. Marcos vio que el joven era muy extrovertido y, a diferencia de él, no le costaba ningún esfuerzo hacer amigos y hablar con todo el mundo, eso le gustó.

Cuando El Churro vio a Marcos salir del hotel con el sobre en la mano se despidió de los guardias y se acercó a él. Venía sonriendo. Cuando estaba a dos metros le dijo:

—¿Te puedes creer que los **seguratas**[22] esos no se creen lo de la misión secreta?

Marcos se quedó sin palabras.

---

[22] **Segurata:** guardia de seguridad en lenguaje coloquial.

–¡¿Pero les has contado a unos guardias que no conoces de nada lo de la misión?!

–Claro, de algo tenía que hablar. Además, han sido ellos los que han venido a preguntarme qué hacía ahí esperando tanto rato.

–¡Pero hombre! ¡Si se llama misión secreta, es porque no se lo podemos decir a nadie! Podemos estar poniendo nuestra vida en peligro.

–Bueno, no te enfades. No pasa nada, no se lo han creído.

Marcos se relajó un poco y después, como golpeado por un rayo, le preguntó enfadado:

–¿Le has contado a alguien más algo sobre la misión?

–Claro, a todos mis **colegas**[23] y a mis padres. –El joven lo dijo como si no hubiera nada de malo en ello. Al ver la cara de enfado de Marcos el joven se explicó–. ¿Pero qué querías que les dijese? Esta mañana antes de salir de casa me han preguntado que dónde iba, pues se lo he dicho.

–¿Y tú no sabes mentir? –Marcos se estaba enfadando mucho, pero rápidamente pensó que tenía el sobre en la mano y que sería mejor idea ir a un bar y leer las instrucciones del sobre y saber de una vez por todas de qué trataba la misión.

En una terraza de un bar, pidieron dos cafés y se decidieron a abrir el sobre. La información era muy clara y explícita: Tenían que rescatar y entregar un cuadro. En las siguientes hojas tenían toda la información. El cuadro, «Caballero de la mano en el pecho» de **El Greco**[24], se encontraba en el Museo del Prado. Había un dibujo del cuadro para que no se equivocaran y venía una pequeña descripción con las medidas del cuadro, 82cm x 66cm y la fecha aproximada de la pintura, año 1580.

---

[23] **Colega:** amigo en lenguaje coloquial.
[24] **El Greco:** pintor del Renacimiento.

A Marcos se le paró la respiración durante unos instantes. Se quedó sin habla y buscó en el sobre más papeles. El Churro estaba algo más tranquilo, aunque releyó varias veces la información del sobre antes de hablar y de intentar hacer volver a Marcos a la realidad.

–¡Aquí no dice cuánto nos van a pagar! –El Churro parecía indignado–. Solo dice que tenemos que ir al Museo del Prado y coger un cuadro. Vale, fácil. ¿Pero cuánto nos van a pagar por eso? Creo que deberíamos llamar y preguntarle. Marcos llámalo.

–¿Rescatar? ¿Qué quiere decir rescatar un cuadro? –Marcos no acababa de entender en qué consistía la misión.

–Chico, llama al que te ha dado el sobre y pregúntale qué quiere decir rescatar y cuánto nos van a pagar.

–No tengo su número de teléfono... –Marcos se quedó pensando durante un instante–. Espera. Sí, sí tengo el número, me mandó un *sms* con tu información. En el mensaje tiene que poner su número. Somos unos genios. Vamos a llamarle y que nos los explique mejor.

José Miguel se quedó extrañado cuando vio que su teléfono móvil sonaba y que la llamada era de Marcos.

–Jefe, tenemos un problema. Marcos, el chico que hemos engañado para que nos robe el cuadro nos está llamando por teléfono.

–¿Cómo? ¿Qué dices? Eso es imposible. No tiene nuestro número, siempre lo hemos llamado desde teléfonos públicos.

–Pues está llamando. Me guardé su número en mi móvil cuando le envié el *sms*. ¿Le contesto?

El jefe parecía preocupado, pero pensó que sería mejor actuar con calma, seguramente solo querrían más información o preguntar cuándo tendrían que robar el cuadro o dónde entregarlo.

–Trae, dame el móvil. A ver lo que quieren.

–Marcos, buenos días. ¿Cuál es el problema?

Esta vez la voz de Francisco José no estaba distorsionada y esto le pareció a Marcos menos profesional.

–Hola, señor. Verá, no entendemos muy bien la misión. ¿Qué quiere decir rescatar un cuadro?

Marcos quería hablar con autoridad, pero su voz sonó nerviosa e insegura. El Churro vio que Marcos se ponía muy nervioso, pensó que probablemente no le preguntaría sobre el dinero y decidió actuar. Le quitó el teléfono a Marcos de la mano y se puso a hablar directamente con Francisco José.

–¡Hola tú! Soy El Churro, el otro agente secreto. Querríamos saber qué hay que hacer con el cuadro y cuánto nos vas a pagar.

El jefe, al otro lado del teléfono se quedó sin palabras durante unos segundos. No se le había pasado por la mente que los agentes secretos quisieran cobrar. Empezó a inventarse una historia que pareciera creíble mientras hacía algo de tiempo para pensar cuánto dinero les pagaría.

–El cuadro hay que rescatarlo por un asunto de seguridad nacional. Dentro de dos semanas un comité evaluador de arte llegará al museo con la intención de romper el cuadro y tenemos que evitarlo... –La historia era poco creíble pero fue lo mejor que se le ocurrió en ese momento.

–Vale, vale. Entendido, tenemos que entregarte el cuadro. Eso está hecho. ¿Cuánto nos pagas? –Marcos se quedó sorprendido al escuchar como El Churro hablaba con toda tranquilidad y sin ponerse nervioso con los que se suponía eran los altos cargos del servicio secreto del estado español.

–Bien, os pagaré trescientos euros a cada uno en el momento de la entrega y otros trescientos cuando consiga vender el cuadro en el mercado negro... –El jefe estaba tan concentrado pensando en el dinero que no fue consciente de sus palabras.

–Vale, nos parece bien. En dos días tendrás el cuadro. Queremos el dinero en efectivo. ¿Dónde tenemos que entregar el cuadro?

El jefe le dijo el lugar donde encontrarse y quedaron allí dentro de dos días para hacer la entrega. El Churro colgó el teléfono, miró a Marcos sonriendo y le dijo:

–¡Trescientos euros cada uno y otros trescientos después cuando lo venda! ¡Somos ricos!

–¿Cuándo lo venda? –Marcos enseguida entendió el engaño–. Churro, ¿no te das cuenta de que no son agentes especiales? ¡Si lo van a vender es porque son ladrones!

–Ya, ¿y? Nos van a pagar seiscientos euros. Piénsalo, Marcos, ya estamos metidos en esto no hay vuelta atrás. Además es muy fácil, vamos, lo cogemos, se lo entregamos y cobramos el dinero.

–Podemos denunciarlos a la policía, tenemos su número de teléfono, los pueden localizar.

–No podemos denunciar nada, aún no han robado el cuadro. –El Churro reflexionó sobre sus palabras y rectificó–. Aún no hemos robado el cuadro.

–¿De verdad crees que es tan sencillo? Seguramente haya los sistemas de seguridad más avanzados.

–Mira, esto es lo que haremos, lo he visto hacer en muchas películas. No puede salir mal. –El Churro hablaba como un ladrón profesional como si toda su vida hubiera estado planeando robos a grande escala–. Tú tienes el uniforme de guardia de seguridad, ¿no? Pues, es tan sencillo como entrar con una réplica del cuadro, un póster, y hacer el cambio y salir. Como llevarás el uniforme de guardia, la gente pensará que trabajas ahí y nadie te hará ninguna pregunta.

–¿Esa técnica tan elaborada la has copiado de una película?

A Marcos no le pareció mala idea, pero aun así, no estaba seguro de que diera resultado.

–Sí. La utilizan en más de una película.

–¿Y en las películas los ladrones siempre consiguen robar las cosas sin problemas y sin terminar en la cárcel?

El Churro tomó un poco de tiempo antes de contestar.

–La verdad es que no. Siempre termina mal y la policía detiene a los ladrones. Pero eso es porque son películas y en las películas los malos nunca pueden ganar. La vida real es muy diferente... en muchas ocasiones los que más roban son los que hacen las leyes.

Marcos estaba preocupado porque no quería que el cuadro fuera robado. Sería un drama para los amantes del arte y una pérdida inmensa para el patrimonio cultural español. Sin embargo, El Churro estaba muy convencido con la idea y estaba seguro de que robaría el cuadro con o sin su ayuda.

Marcos reflexionó medio minuto, tuvo una idea para evitar el robo, y dijo:

–De acuerdo. Vamos a hacerlo. Pero tú llevarás el uniforme y rescatarás el cuadro. Mi trabajo será esperarte fuera del museo con el coche en marcha para salir corriendo.

El Churro pensó en el dinero que iban a conseguir y aceptó. Se dieron la mano para cerrar el trato y pensaron en todas las cosas necesarias para el golpe.

Esa misma tarde fueron a una tienda, compraron un póster del cuadro del Greco, un poco más pequeño que el original, pegamento *blue-tack* y pidieron prestado el coche del padre del Churro. Aprovechando unas décimas de segundo cuando

El Churro **fantaseaba**[25] con el dinero que iba a ganar, Marcos sacó un bolígrafo del bolsillo y escribió algo en la parte de atrás del póster. Miraron el horario del Museo del Prado en Internet y vieron que aquella tarde a partir de las seis la entrada era gratuita. Sería el plan perfecto. Entrar, cambiar el cuadro y salir.

Marcos, para su sorpresa, estaba muy tranquilo. Él solo tendría que esperar fuera en el coche. Si la policía detenía al Churro, no había ningún problema. Si el Churro conseguía su objetivo y venía al coche con el cuadro, tampoco habría ningún problema. De cualquier manera el cuadro no correría ningún riesgo.

Aparcaron el coche cerca del museo. El Churro salió con el póster del cuadro enrollado debajo del brazo y vestido con el uniforme de guardia de seguridad. No parecía nervioso. Marcos le deseo buena suerte y esperó con el coche en marcha. Diez minutos más tarde, el Churro entró en el coche y dijo:

–Ya está. ¡Vámonos! Ves cómo era fácil.

Dos minutos más tarde todas las alarmas del Museo del Prado se podían oír desde cualquier rincón de la ciudad.

Marcos y el Churro cobraron los trescientos euros.

Dos días más tarde, Francisco José y José Miguel fueron arrestados por la policía y el cuadro fue salvado intacto gracias a que la policía científica encontró en la parte posterior del póster de El Greco una nota con el nombre y el número de teléfono de los ladrones. En esa misma semana, el Churro fue identificado por las cámaras de seguridad del museo y arrestado también.

Marcos tuvo la sensación de que gracias a él, un simple guardia de seguridad, el cuadro había sido recuperado y los

---

[25] **Fantasear:** dejar correr la fantasía o imaginación.

ladrones puestos entre rejas. Nadie nunca sabría su nombre o le daría las gracias por haber rescatado el cuadro de El Greco. Era una sensación agridulce. Pensó que, posiblemente, esa misma sensación sería la que tendrían los agentes secretos después de poner su vida en riesgo y salvar el mundo. Este pensamiento le **consoló**[26].

---

[26] **Consolar:** aliviar la pena de alguien.

DESPUÉS DE LA LECTURA

1. **Contesta a las preguntas.**

a. Cuando Marcos fue seleccionado, ¿qué dudas le vinieron a la cabeza?

b. ¿Por qué el jefe tiene tanto interés en que Marcos destruya el sobre después de leerlo?

c. ¿Cuál es el mayor interés de El Churro por la misión?

d. ¿A quién había contado El Churro lo de la misión secreta y por qué?

e. ¿En qué consistía la misión secreta?

f. ¿Cuánto dinero recibiría cada uno?

g. ¿Cuál era el plan de El Churro para robar el cuadro?

h. ¿Cómo consiguieron arrestar a los ladrones?

2. En el relato se utilizan mucho las oraciones condicionales. Vamos a hacer algunas suposiciones sobre los personajes utilizando la segunda y tercera condicional. Completa las oraciones con la forma correcta de los verbos entre paréntesis.

Ejemplo: *Si los dos ladrones **tuvieran** ordenador, no **irían** (ir) a un cibercafé.*

a. Si Marcos no .... *(aburrirse)* tanto en su trabajo, no jugaría a adivinar las identidades de los clientes.

b. Si Felipe .... *(ser)* puntual, Marcos no habría salido tarde del trabajo.

c. Si Marcos no hubiera buscado un piso en Internet, nunca .... *(ver)* el anuncio del agente secreto.

d. Si Marcos hubiera sido un agente secreto profesional, no .... *(conseguir)* el trabajo.

e. Si José Miguel no .... *(mandar)* un *sms*, Marcos no habría tenido el número de móvil de los ladrones.

f. Si el Churro .... *(ser)* tímido, no hablaría con todo el mundo.

g. Si los ladrones fueran millonarios, seguramente no .... *(robar)* cuadros.

h. Marcos nunca hubiera sabido lo que siente un agente secreto si no .... *(participar)* en el robo.

Ahora escribe tú oraciones condicionales como las anteriores haciendo suposiciones con los personajes del relato.

....

....

3. El Churro y Marcos son personas con caracteres muy diferentes. Mira el texto y haz una lista con las diferencias que ves entre estos dos personajes. ¿Qué adjetivos de la lista siguiente utilizarías para describir a cada personaje?

El Churro   Marcos

....
....
....
....
....
....
....
....

amable ● atrevido ●
fanfarrón ● honrado
desvergonzado ● chulo
● sensato ● prudente
● trabajador ● serio
● soez ● soñador ●
campechano ● soso ●
extrovertido ● educado

4. En el relato aparece una serie de aspectos culturales sobre España y los españoles que son vistos como estereotipos: *ser impuntual, el flamenco, la siesta, los churros...* ¿Puedes añadir otros que hayas visto en el relato? Haz otra lista en tu cuaderno con estereotipos que se utilizan para describir a tu país y sus habitantes. ¿Estás de acuerdo con el uso de estereotipos para describir a los habitantes de un país? Da tu opinión.

5. El relato tiene un final feliz para el protagonista: consigue el dinero, gracias a él la policía rescata el cuadro y logra saber cómo se siente un agente secreto. Pero, ¿serías capaz de inventar un final alternativo para el relato? En tu versión, para hacerlo más emocionante, tienes que incluir las siguientes palabras en el orden que prefieras.

pistola ● perro salchicha ● hospital ● globos de colores

....
....
....
....
....

Claves

ANTES DE LA LECTURA

2. 1. D; **2.** K; **3.** P; **4.** H; **5.** R; **6.** M; **7.** C; **8.** G; **9.** N; **10.** F o L; **11.** Q; **12.** J; **13.** B; **14.** O; **15.** E; **16.** F o L; **17.** A; **18.** I; **19.** Ñ.

DURANTE LA LECTURA

1. a. Utilizan la técnica del móvil. Consiste en fingir una conversación importante para salir rápido del local sin pagar; **b.** Marcos pensaba que detendría a delincuentes, imaginó que sería temido y respetado y que su vida sería una continua aventura. Sin embargo, su trabajo era muy aburrido porque nunca pasaba nada; **c.** Pensaba que la mujer elaboraba drogas con las zanahorias y la vendía en las discotecas; **d.** En su anterior trabajo, Marcos era cliente misterioso. Consistía en visitar un restaurante y después escribir un informe sobre el servicio y la calidad del local.

4. a. *Buscan un camarero que tenga experiencia previa, que tenga entre 25 y 30 años, que tenga buena presencia, que hable inglés y francés, que viva en la provincia y que sepa cantar.*

b. *Necesitan un compañero de piso que no fume (que sea no fumador), que sea ordenado, que ame a los animales, que sea simpático y que tenga sentido del humor.*

c. *Buscan un comercial que hable alemán y chino, que sepa informática, que le guste viajar y que tenga carné de conducir.*

DESPUÉS DE LA LECTURA

1. a. Las dudas que le surgieron fueron por qué lo habrían elegido a él, si estaría poniendo su vida en peligro, si tendría que llevar o utilizar alguna pistola o matar a alguien y si le acompañaría alguien en la misión; **b.** Para borrar cualquier pista; **c.** Su mayor interés era el dinero; **d.** Se lo había contado a sus padres y a todos sus amigos porque le habían preguntado a dónde iba; **e.** La misión secreta consistía en robar un cuadro del Museo del Prado y entregarlo a unos ladrones; **f.** Cada uno recibiría trescientos euros al entregar el cuadro y otros trescientos euros cuando los ladrones lo vendieran en el mercado negro; **g.** El plan de El Churro consistía en cambiar el cuadro original por una copia falsa; **h.** La policía detuvo a los ladrones porque Marcos escribió detrás de la copia falsa una nota con el número de teléfono del jefe de la trampa.

2. a. se aburriera; **b.** hubiera sido; **c.** habría visto; **d.** habría conseguido; **e.** hubiera mandado; **f.** fuera; **g.** robarían; **h.** hubiera participado.

3. El Churro: atrevido, fanfarrón, desvergonzado, soez, extrovertido, chulo, campechano.

Marcos: amable, honrado, serio, trabajador, soñador, educado, soso, prudente.

IX
Así fue

Neus Claros*

 9

* Nací en Barcelona, pero si fuera posible nacer varias veces y hacerlo en sitios diferentes también me hubiera gustado nacer en Granada, en Cáceres, en algún lugar de Irlanda y en algún otro de Marruecos. Soy licenciada en Historia del Arte, licenciada en Antropología Social y Cultural y correctora de estilo en algunas ocasiones. Fui profesora de Lengua y Literatura españolas en Secundaria durante muchos años. Ahora, además de profesora, soy coordinadora del departamento de español en el centro donde trabajo. Pero, sobre todo, soy profesora de ELE; especialmente, profesora de ELE; sencillamente, profesora de ELE.

1. En el relato que vas a leer encontrarás algunas descripciones sobre una familia española, de Barcelona, de finales de la década de los 60 y principios de los 70. Piensa en personas, lugares, sentimientos, objetos y otros aspectos relacionados con el inicio del ciclo de vida de los individuos: el nacimiento. Completa este cuadro.

El nacimiento				
Personas	Lugares	Objetos	Sentimientos	Otros
madre médico	hospital	cama	alegría	amamantar

2. Ahora piensa en tu propia familia y en tu nacimiento o en el de otros miembros de tu familia y completa tu columna. Después, coméntaselo a tu compañero y toma nota.

	Tú	Tu compañero
a. Fecha de nacimiento.		
b. Lugar de nacimiento.		
c. Personas que se hallaban juntas en el momento del nacimiento.		
d. ¿A quién y cómo se le anuncia el nacimiento de un hijo?		
e. ¿Existen costumbres o normas para las madres tras tener un hijo?		
f. ¿Y para el niño o niña?		

3. Todo el grupo poned en común vuestra información.

    a. ¿Cuáles son las semejanzas y las diferencias según vuestros lugares de origen?

    b. ¿Y según vuestras edades?

    c. ¿Algo de lo que han explicado tus compañeros te ha sorprendido especialmente?

–¿Mamá?

–¿Sí?

–Oye, mamá...

***

Inés tiene ahora exactamente 50 años. Hoy es su cumpleaños. Inés Soralc Dolzán nació en Barcelona un 15 de julio, domingo, a las doce del mediodía y, naciendo a esa hora, parecía
que iba a estar dispuesta a comer lo mismo que el resto de la
familia.

La familia Soralc Dolzán hacía lo que hacían muchas familias los domingos, tomaba el típico aperitivo: patatas fritas
de **churrería**[1], berberechos con salsa de vinagre y ajo, mejillones en conserva, aceitunas sevillanas, aceitunas rellenas de
anchoa y también negras de Aragón, vermú sin y con alcohol.
Después, la tradicional paella de los domingos: paella mixta,
de pollo y pescado –un poco de rape, un poco de calamar, un
poco de sepia–, con marisco –cigalas y gambas–, desde luego,
y con mejillones y almejas. Seguramente también iba a comer
un poco de ensalada: lechuga, tomate, zanahoria y cebolla
–cebolla que algunos miembros de la familia apartaban en un
rincón del plato; bueno, en realidad, todos lo apartaban, todos
excepto el padre de Inés; por eso se ponía cebolla en la ensalada: para el padre–. Para terminar, y como postre, un **tortel**[2] de

---

[1] **Churrería:** lugar en donde se hacen y venden churros; también patatas fritas y
cortezas.

[2] **Tortel:** bollo de hojaldre en forma de rosca.

nata o de crema, o un helado –porque el 15 de julio en Barcelona es muy caluroso– y toda la comida era acompañada con cava para los adultos y agua, sifón, gaseosa o un refresco para los más pequeños. Eso sí, la familia Soralc Dolzán era absolutamente diferente a las demás familias en una sola cosa: el menú del domingo –y el de cualquier otro día de la semana– no se cerraba con un café –ino, no, eso nunca!– porque los padres de Inés –y, por contagio, los hijos– no tomaban café, ya que les producía taquicardia. Tampoco café descafeinado –¡quién sabe cómo le quitan la cafeína al café!–. Así que la comida terminaba con los dulces.

Pero no, ese 15 de julio, Inés no iba a comer todo eso, claro que no. Inés iba a **engullir**[3] glotonamente la leche materna, claro que sí.

***

Inés no nació en un hospital como todos los bebés, no. Su madre, Emma Dolzán Sanfra, era una mujer muy especial y algo singular en lo que se refería a su **progenie**[4]. Todos y cada uno de sus hijos –tres: un chico y dos chicas– nacieron en la casa familiar y de **parto**[5] natural. Emma Dolzán parió a sus tres hijos en el **lecho**[6] matrimonial con la única compañía –y ayuda– de la **comadrona**[7] y de su marido, el padre de Inés. La causa de esta elección era que Emma sentía pánico ante la idea de que en el hospital los médicos o las enfermeras se equivocaran y confundieran los niños. Se horrorizaba pensando que sus hijos podían acabar en manos de otra familia y los de otra familia en las suyas. «Hay novelas sobre este tema, y también

---

[3] **Engullir:** tragar la comida muy deprisa, casi sin masticar.

[4] **Progenie:** descendencia o conjunto de hijos de alguien.

[5] **Parto:** acción de *parir*, acto de tener un hijo.

[6] **Lecho:** cama.

[7] **Comadrona:** persona que ayuda a parir.

películas y noticias en la tele», repetía hasta la saciedad Emma. Y tozuda como una mula, no hubo nadie que pudiera hacerla cambiar de opinión.

Manuel Soralc López asistió al magnífico –y doloroso, doloroso para la parturienta, claro– espectáculo del nacimiento de su primogénito, Álex.

Álex empezó a empujar para salir y la madre de Álex (que más tarde también sería la madre de Irene y, todavía más tarde, de Inés) le decía a la comadrona que cómo dolía, que el bebé ya venía, que... Y la comadrona la miraba con desconfianza mientras pensaba: «Las primerizas siempre exageran. Todavía debe faltar mucho rato para que llegue el niño. Aunque me digas que ya viene, no voy a hacerte caso». Pasaron dos horas y Álex ya estaba cansado de intentar nacer. Es muy probable que el niño pensara: «¿Es que nadie va a ayudarme? ¡Ya no tengo más fuerzas! ¡Estoy cansado! ¡Pues me quedo quieto!». Y aquí empezó el problema. Álex se cansó y se quedó sin moverse. La mamá de Álex le dijo a la comadrona que el niño no se movía. La comadrona dio un salto enorme y **palpó**[8] la barriga de Emma. Pensó: *«¡Por los clavos de Cristo!* ¡Esta chica no exageraba, era verdad que el bebé ya venía! ¿Y qué hago yo ahora?». Lo que hizo Florinda, que así se llamaba la comadrona, fue apretarle la barriga a Emma, y con mucha fuerza. Nada. Continuó aplastando el vientre de la mamá –que todavía no era mamá– haciéndole un masaje de arriba a abajo para que saliera el bebé. Nada. Decidió sentarse sobre la barriga de la todavía embarazada. Puede suponerse que eso **fue el colmo**[9] para Álex, y aunque había decidido no moverse más, cuando notó el tremendo peso de la comadrona, cambió su anterior decisión y salió; es decir, nació. *Y aquí paz y después gloria.*

Pasados cinco años, nació una niña a la que le pusieron

---

[8] **Palpar:** tocar con las manos una cosa para reconocerla a través del tacto.

[9] **Ser (algo) el colmo:** (ser algo) insuperable.

Irene, espectáculo tan maravilloso como el primero y aproximadamente igual de difícil. Seguramente Emma olvidó lo que pasó con Álex porque, otra vez, Florinda fue la que ayudó en el parto. Irene no se cansó de moverse como su hermano Álex. Pero Irene se hizo un lío: no sabía exactamente cómo salir de ahí; es comprensible: era la primera vez que nacía. La niña no salía de cabeza, sino que salía de culo y con el cordón umbilical en el cuello. Florinda se llevó un buen susto: «¡*Virgen del Amor Hermoso!* ¡Esta niña viene de culo!». Y otra vez saltó sobre Emma y ayudó a Irene para que tuviera más espacio para salir (no se sabe muy bien cómo lo hizo) y cuando vio a Irene con el cordón en el cuello, con gran rapidez cogió las tijeras y lo cortó. Irene, aunque de culo, nació bien. Y *más vale maña que fuerza.*

Y después de otros ocho años –o sea, trece desde la incorporación a la familia del varón– nació Inés, la pequeña, espectáculo tan prodigioso como el segundo y el primero, pero no tan doloroso ni tan difícil como los anteriores. Ya es seguro que Emma era una persona que olvidaba con facilidad: ¿alguien recuerda a Florinda, la comadrona? Pues sí, efectivamente, también en esta ocasión, en la del nacimiento de Inés, Florinda estaba en casa de la familia Soralc Dolzán. ¿Por qué? Para qué iba a ser, para ayudar en el parto. Florinda ya tenía trece años más desde que estuvo ayudando a nacer a Álex. Florinda ya era mayor, tal vez incluso un poco vieja. Y aunque todos sabemos que **el único animal que tropieza tres veces con la misma piedra es el hombre**[10] –o la mujer, o la comadrona–, la verdad es que Florinda se había jurado a ella misma que no volvería a equivocarse con los hijos de Emma, y estaba preparada para lo peor: para que la niña que iba a nacer se cansara de moverse, viniera de culo, con el cordón umbilical

---

[10] **El único animal que tropieza tres veces con la misma piedra es el hombre:** expresión para indicar que el hombre es el único ser capaz de equivocarse muchas veces, no siendo capaz, en ocasiones, de aprender de la propia experiencia.

en el cuello o, incluso, que viniera acompañada de otro bebé –¡también podrían ser gemelos!, por ejemplo–. Así que cuando Emma dijo: «Me parece que ya viene», el salto de Florinda fue el propio de un atleta de élite, fue difícil seguirla con la vista. Desde ese «me parece que ya viene» hasta que Inés salió a ver cómo era el mundo solo pasó media hora o, lo que es lo mismo, treinta minutos. Inés tenía prisa por nacer y no tenía ninguna intención de ponérselo difícil a nadie: salió –gordita–, lloró –**a grito pelado**[11]–, miró –asustada y sin ver nada– a Florinda que estaba muy cerca de sus ojos y que pensaba «¡*Ave María Purísima,* esta vez ha sido fácil!», después vio –tranquila– a su padre y finalmente **vislumbró**[12] –contenta– a su madre, se agarró a su teta y tan feliz. Y *a la tercera va la vencida.*

***

Cuando Inés tenía nueve años, ya no pudo reprimir por más tiempo su curiosidad.

–¿Mamá?

–¿Sí?

–Oye, mamá...

–Sí, Inés, dime. ¿Qué quieres preguntarme? Y deja de retorcerte las manos. ¿Estás nerviosa? ¡Anda, hija, no me mires con esos ojillos, que ya sabes que no te puedo decir que no a nada! ¿Qué te pasa?

–No, si no me pasa nada, mamá. Solo quería saber que de dónde vengo yo.

–Pero ¿qué dice esta criatura? ¿Cómo que de dónde vienes? Ahora sí que no te entiendo, niña. ¿Que de dónde vienes? Pues si tú no te acuerdas... Que yo sepa vienes de tu habitación, ¿no? Estás empezando a preocuparme. Llevo nueve años, nueve, diciéndote que tienes que comer más. Que sí, que estás

[11] **A grito pelado:** en voz muy alta.
[12] **Vislumbrar:** no ver bien una cosa porque está lejos o por falta de luz.

muy flaca. Que así no vas a crecer. Que no sé cómo tengo que decírtelo que si no comes más, no te harás mayor...

–Mamá, pero si yo como, lo que pasa es que la carne se me hace bolas en la boca y no me la puedo tragar. Mastico y mastico pero no se ablanda. ¡Es que la carne es muy dura!

–¡La carne es muy dura! –dice Inesita. Inés, pero si compro la mejor carne del mercado y, además...

–Mamá, que yo no quería hablar de la carne. Además, estoy segura de que sí me haré mayor y de mayor quiero ser, quiero ser, quiero ser...

–Anda, sí, hija, que nos van a *dar las uvas.* ¿Qué quieres ser de mayor?

–De mayor quiero ser... Sí, ya lo sé, profesora de español para las personas que vienen a vivir aquí. Las personas de fuera... las personas de Francia, de Alemania, de China, de Macuecos, de...

–¿De dónde dices, Inés? ¿De Macuecos? Querrás decir Marruecos. M–a–r–r–u–e–c–o–s.

–Eso, sí, de Macuecos.

–Marruecos.

–Macuecos... Magüecos... Maruecos...

–¡Marruecos, Inés, Marruecos! ¿Estás segura de que cuando seas mayor quieres ser profesora de español? ¡Pues vas a tener que practicar mucho la erre, las dos erres, hija! ¡Que no hay manera de que digas bien ni Marruecos, ni perro, ni tierra, ni...!

–¡Bueno, vale ya, mamá! ¡Pero seré profe de español! ¡Ya lo verás!

***

–Papá...

–¿Sí?

–Papá, ¿de dónde vengo yo? Lucía, mi compañera de clase, ha tenido un hermanito. Y su hermanito ha venido del Hospital

Clínico de Barcelona. Y Lucía también vino de ese hospital. Pero, ¿y yo? ¿De dónde vine yo? –Anda, sí, Manuel, explícaselo tú, cuéntaselo tú que ayer entre la carne y Marruecos no nos entendimos Inés y yo. –Emma, ¿qué dices de la carne de Marruecos? ¿De qué me hablas? De verdad que no hay quien os entienda. Es que... –Contéstale a la niña, Manuel, haz el favor... –Y digo yo: ¿por qué no le contestas tú? Sí, tú, que para eso eres su madre. –Ya, ya, eso ya lo sé yo... Que no sé por dónde empezar, que esta niña hace unas preguntas que... –Pero, mamá, ¿lo sabéis o no lo sabéis?

Inés se balanceaba sobre su silla. «¿Por qué les cuesta tanto contestar? No es una pregunta muy difícil. Ya me gustaría que respondieran a las preguntas de la Srta. Mercedes, la profe de Geografía, que te mira fijo a los ojos y te suelta: «A ver, Inés Soralc, dime los **afluentes**[13] del río Guadalquivir y dímelos en orden, ¿eh?». Y tú *te quedas en blanco*, que da un susto esa mujer, que empieza a mover el boli –rojo, muy rojo–, y se mira el reloj, y te mira a ti, y vuelve a mover el bolígrafo, y otra vez a ti, y mueve su cuaderno, y con el dedo corazón se coloca bien las gafas sobre la nariz, y con el dedo índice te señala y te dice: «¡Inés Soralc, **que es para hoy**[14]! ¿Me vas a decir los afluentes del río Guadalquivir o no? Porque si no me los vas a decir se lo pregunto a José Luís Abellán». José Luis es un **bobo**[15] y un **pelota**[16]. Pone cara de *no haber roto nunca un plato* y siempre levanta la mano con *cara de cordero degollado* para contestar a

---

[13] **Afluente:** río secundario que desemboca en otro principal.

[14] **Que es para hoy:** expresión para meter prisa a alguien.

[15] **Bobo, a:** tonto, blando.

[16] **Pelota:** persona aduladora, que hace o dice siempre lo que cree que puede agradar a otro.

las preguntas de la Srta. Mercedes, que yo creo que está medio enamorado, pero si solo tiene diez años y la Srta. Mercedes es vieja, porque por lo menos tiene veinte años o ¡veinticinco! Que *no trago* a José Luis Abellán y ya está. Total, que siempre acaba contestando él y eso que yo me los sé los afluentes del Guadalquivir y del Guadiana y del Duero y del Ebro... Pero es que la Srta. Mercedes me pone muy nerviosa y José Luis me pone negra. Bueno, da igual...».

–Pues claro que lo sabemos, Inés, cómo no vamos a saberlo, hija. –Emma le decía esto a su hija mientras Manuel abría el periódico–. Y tú, Manuel, no te hagas el despistado que yo seré su madre, pero tú eres su padre y los dos sabemos de dónde vino Inés.

***

Desde los tres hasta los quince años Inés pasó las vacaciones de verano, con su familia, en un pequeño –muy pequeño– pueblo de la **Costa Dorada**[17].

Todos los agostos, año tras año, toda la familia –Emma, Manuel, Álex, Irene, Inés, el **periquito**[18] y la tía Petra (la tía Petra era una hermana mayor del padre de Inés, que se quedó viuda muy joven, una vez acabada la **Guerra Civil**[19])– se dirigían con ilusión a Creixell, un pueblo de la costa de Tarragona que nadie, excepto los **lugareños**[20] y la familia Soralc Dolzán, conocía por aquel entonces. Uno de aquellos pueblos de los que suele decirse que «no salen ni en el mapa», de tan pequeño e insignificante. Era cierto, no salía en ningún mapa –ni físico, ni político, ni de carreteras–.

Lo que ocurrió el día 1 de agosto de 1965 se repitió, con muy pocas variaciones, durante los doce años en que pasaron

---

[17] **Costa Dorada:** costa de la provincia de Tarragona.

[18] **Periquito:** pequeño pájaro de compañía.

[19] **Guerra Civil española:** 1936-1939.

[20] **Lugareño, a:** el que habita en un determinado lugar.

las vacaciones en Creixell. Lo único que cambiaba cada 1 de agosto era que todos y cada uno de los miembros de la familia tenía un año más, eran más viejos, pero el resto... ¡igual! La escena era, siempre e invariablemente, la misma; por ejemplo, el 1 de agosto de 1971, cuando Inés tenía 9 años:

–Emma, ¿todavía no estás lista?

–Pues, no, Manuel, no.

–¿Aún no lo tienes todo preparado? Pues... ¡no sé qué estás haciendo, chica!

–Pues ahora que lo dices, si me ayudaras, acabaría antes.

–Que te ayuden los chicos.

–Ellos ya me están ayudando, Manuel.

–¡Vale, vale! ¿Qué hago?

–¡Que qué hace, dice el hombre de la casa!

–Si te vas a poner así, bajo y os espero en la calle. Voy limpiando el coche y ya vendréis.

–Bueno, podrías llevarte la comida, las cantimploras y los termos.

–¿Dónde están?

–¡Dónde va a estar! ¡En la cocina!

–Ya, pero ¿dónde?

–Ay, mira, ¡déjalo! Ya lo haré yo, que hay que explicártelo todo, ¡hijo de mi vida!

–¡Hala, pues me voy! ¡Aquí os quedáis! ¡Y no tardéis en bajar que llegaremos tarde!

–Pesado, que eres un pesado.

El segundo episodio ya sucedía en la calle, sí, frente al portal del bloque donde vivía la familia. Delante de la puerta esperaban Manuel y el **seiscientos**[21]: blanco, nuevo, brillante, muy lindo.

–¿Dónde pongo esto, papá?

---

[21] **Seiscientos:** forma popular con la que se denominaba a un modelo de coche de SEAT, el SEAT 600.

–No lo sé, Inés, pregúntaselo a tu madre.

–Mamá, ¿dónde pongo la radio?

–Pues no sé qué decirte, pregúntaselo a tu padre.

–Ya lo he hecho, mamá, y me ha dicho que te lo pregunte a ti.

–Vaya, pues, pues... déjalo en el suelo un momento.

–¡Vale!

–Emma, que no nos va a caber todo en el coche. Que adónde diablos crees que vamos. Si es que parece que nos mudamos o que emigramos o que...

–¡Ya estamos! ¡Ya estamos con lo mismo! Pero, ¿cuántas veces tengo que decírtelo? Manuel, hombre, que no vamos a un hotel, que ya sabes que vamos a una casa de pueblo y necesitamos la ropa de cama y la vajilla y la cristalería y los cubiertos y las cazuelas y todo lo de la playa y la ropa –que ya sabes que los chicos se cambian, por lo menos, dos veces al día– y jerséis por si refresca y **chubasqueros**[22] por si llueve y...

–Sí, mujer, sí, tú sigue, no te reprimas. ¡Y el equipo de esquí por si nieva en agosto y en la playa...! Total, ya puestos...

–No te pongas sarcástico, Manuel, no te pongas sarcástico. Déjate de **gaitas**[23], que después tú eres el primero que quiere no sé qué y no sé cuántos. Venga, vamos a poner las maletas en la **baca**[24].

–¿Has bajado el **hule**[25]?

–¿Qué hule?

–El hule, Emma, el hule. ¡Qué hule va a ser! El de tapar las maletas.

–¿No lo bajabas tú?

–¿Yo? Pues no, morena, no; lo bajabas tú.

---

[22] **Chubasquero:** impermeable.

[23] **Gaita:** cosa desagradable y molesta.

[24] **Baca:** portaequipaje en el techo del automóvil.

[25] **Hule:** tela impermeable.

–¿Es este el plástico, papá?

–¡Sí! Si no fuera por ti, Inés, no sé qué haríamos. Menos mal que esta niña tiene cabeza, porque lo que es su madre...

–¡Que te oigo, Manuel, que te oigo!

–Que no digo nada, morena, que no digo nada.

–Vale.

–Vale. Bueno, pues ahora vamos a poner el **pulpo**[26]. Coge ese extremo y tira, Emma.

–Ya está.

–¿Cómo que ya está? Pero si lo estás cruzando mal. ¡Más a la derecha! ¡Más, más, más!

–Oye, Manuel, ¿dónde quieres que ponga el pulpo? ¿En la baca o en el capó? ¿En nuestro coche o en el del vecino?

–¡No se puede salir con vosotros! Ya lo haré yo solo, que no sabéis hacer nada. ¡Apartaos todos, **leches**[27]!

Capítulo aparte era la entrada de todos los pasajeros en el seiscientos. Inés siempre se preguntó cómo conseguían meterse seis personas y un periquito con su jaula en ese coche. Delante iban Manuel, que para eso era el conductor, y Emma como copiloto. Detrás Alex, Irene y la tía Petra. Eso ya era un completo. Solo faltaban Inés y el periquito.

–¡Me cago ya en el **pajarraco**[28] este!

–Manuel, no digas **palabrotas**[29] delante de los chicos.

–Eso, papá, no digas *pajarraco* que Perico no es un *pajarraco*, es un *periquito*.

–Mira, Inés, Perico es un pájaro, un periquito, un ave, un *pajarraco* o lo que diga tu padre que soy yo. Para empezar, niña,

---

[26] **Pulpo:** forma coloquial de denominar las gomas elásticas que se utilizaban para sujetar el equipaje en la baca.

[27] **¡Leche/s!:** interjección que expresa sorpresa, admiración, indignación.

[28] **Pajarraco, a:** forma despectiva del sustantivo pájaro para referirse a una persona astuta.

[29] **Palabrota:** palabra grosera, ofensiva.

tú en la falda de tu madre, y la jaula del *pajarraco* la coges tú, Petra.

–¡Jolín! ¿Por qué tengo que ir yo siempre en la falda de mamá?

–Pues, como comprenderás, Inesita, no voy a ponerme yo en la falda de mamá, que yo conduzco.

–Ya, ya, pero es que a mí la cabeza me toca al techo...

–Y a mí, entre todos, me estáis tocando los *co...*

–¡Manuel!

–*...jones*[30].

–¡Inés! ¡Que te vas a llevar un **cachete**[31]!

–¡Ayyy!

***

El trayecto desde Barcelona hasta Creixell **estaba cuajado de**[32] anécdotas, canciones, chistes, sueño, hambre, risas, improperios, nervios, silencios y palabras, simplemente palabras.

Manuel, el padre, renegaba cada cinco minutos –con y sin razón–. El objetivo principal de sus comentarios era el resto de automovilistas de la carretera: «Pero, ¿habéis visto a ese? ¡Que es que esta no es manera de adelantar! ¿Qué, animal, no sabes dónde está el intermitente? Y este, ¿este adónde va tan deprisa? ¡Hijo de mala madre, que vas a hacer que nos matemos todos por culpa tuya! ¡Pero, bueno! ¿Este de dónde ha salido? ¿Por qué va tan jodidamente despacio? ¡Venga, hombre, venga, que no tienes ni idea! ¿Dónde te han regalado el carné de conducir? ¿En una **tómbola**[33]?».

Emma, su mujer, a ratos intentaba calmar los ánimos a su marido –pero siempre *era peor el remedio que la enfermedad*, por-

---

[30] **¡Cojones!**: interjección vulgar para expresar enfado o extrañeza.

[31] **Cachete**: golpe que se da en la cabeza con la palma de la mano.

[32] **Estar (algo) cuajado de (algo)**: estar lleno de algo.

[33] **Tómbola**: sorteo público de objetos diversos.

que Manuel se **encabritaba**[34] todavía más– y a ratos se dormía con la cabeza descansando –¿descansando?– en el cristal de la ventanilla mientras Inés cantaba canciones populares con el resto de la familia.

Pero lo que de verdad le **pirraba**[35] a Inés era describir todo lo que veía: el paisaje, que explicaba echando mano de sus conocimientos escolares: «Los pinos son árboles de hoja perenne. Estas montañas son la cordillera prelitoral; y estas formas redondas y suaves son debidas a la erosión del viento y la lluvia».

O se convertía en una experta matemática sumando los números de la matrícula de cada coche que quedaba bajo su campo de visión: «765 437: siete más seis, trece. Cinco más cuatro, nueve. Siete más tres, diez. Trece más nueve más diez, treinta y dos». O, de pronto, era la guía turística de la familia: «Este es el arco de Berà, lo hicieron los romanos. En Tarragona, los romanos construyeron muchos edificios de los cuales todavía se conservan algunos: la muralla, el anfiteatro, la torre de los Escipiones...». Su tía, la tía Petra, *disfrutaba de lo lindo* con la información porque de un año para otro se le olvidaba, así que siempre tenía algo –o mucho– de novedoso. La tía Petra no escatimaba halagos para su sobrina: «Lo lista que es esta niña». La verdad es que Inés en estos casos era la mitad lista y la otra mitad **pelmaza**[36]... que aburría hasta a las piedras.

***

La llegada al pueblo era siempre soberbia. Se abandonaba la carretera general, bordeada por algunos *campings* –de nombres divertidos y no muy originales que se repetían, seguramente, a lo largo de toda la costa española: La Sirena Dorada, Sol y Mar, El Áncora, El Ánfora, La Playa...–, para tomar una carretera

---

[34] **Encabritarse:** enfadarse.

[35] **Pirrarse:** gustar mucho algo.

[36] **Pelmazo, a:** persona molesta, inoportuna, pesada.

secundaria, y el seiscientos rodaba durante un kilómetro entre algarrobos y pinos y entre algunos chalés –la mayoría propiedad de extranjeros, franceses, sobre todo, o mejor dicho de Francia, porque algunos eran emigrados de la época de la Guerra Civil española– hasta llegar a la entrada del pueblo. Desde la mitad de la carretera ya se veía el castillo y el campanario de la iglesia. Y la entrada del villorrio estaba **flanqueada**[37] a la derecha por un cartel con los horarios de misa y a la izquierda por otro con **el yugo y las flechas**[38]. Eran otros tiempos.

Enseguida se llegaba a la plaza Mayor –que era, en verdad, muy pequeña– con las casas de piedra, unos arcos a un lado y un bebedero de caballos –y burros– al otro. Dos tiendas: una de verduras y frutas y la otra de todo lo demás. Todas las calles eran de tierra. Desde la plaza tomaban una, la calle de San Francisco, y aparcaban el seiscientos justo delante del Ayuntamiento donde había unas **moreras**[39] que proporcionaban buena sombra. Seguían unos pasos más. A la derecha, el bar y casa de comidas –lo que ahora todo el mundo llamaría restaurante– La Parra; a la izquierda, la vivienda del alcalde; otra vez a la derecha la casa que alquilaban los Soralc Dolzán. Una casa de pueblo de tres plantas. Blanca. La puerta, de dos hojas, grande y de madera **claveteada**[40]. En la entrada, un pozo. Después, una escalera. Superada la escalera, el comedor–cocina. Más allá el patio con el retrete y la ducha, el suelo de piedra y hierba. Si se seguía la escalera, se alcanzaban las otras dos plantas. En la primera, la habitación de Álex y otra que los dueños mantenían siempre *cerrada a cal y canto*. No pocas veces Inés había forjado en su mente infantil infinidad de historias diferentes sobre aquella misteriosa habitación: unas veces era

---

[37] **Flanquear:** a cada lado.

[38] **El yugo y las flechas:** símbolo del franquismo.

[39] **Morera:** un tipo de árbol cuyas hojas sirven de alimento al gusano de seda.

[40] **Claveteado, a:** con clavos ornamentales, de adorno.

sencillamente una sala con trastos viejos; en otras imaginaba que allí había alguien prisionero o, sencillamente, alguien escondido sabrá Dios de qué persecución terrible; todavía más, a veces jugaba a suponer que ahí vivía algún tipo de monstruo más o menos amable. Nunca supo por qué estaba cerrada esa puerta ni qué albergaba esa dependencia. En la segunda planta se encontraban las habitaciones de los padres de Inés, de la tía Petra y una tercera era la de Irene e Inés. Todas eran muy espaciosas, con antesala y grandes –y muy altas– camas antiguas con la cabecera y los pies de madera labrada y la de los padres y la de Inés e Irene tenían además un dosel. Como en los cuentos de príncipes y princesas.

Durante un mes iban a la playa todas las mañanas –excepto cuando llovía, que en la segunda quincena de agosto siempre se estropeaba un poco el tiempo–. A la vuelta de la playa, la ducha. La primera era la madre de Inés que, así, enseguida se dedicaba a preparar la comida. El resto de la familia se duchaba por orden alfabético, cronológico o sin ningún orden: «Tonto el último». Durante la comida olía a fritura de pescado o a carne empanada o a paella o a verdura o a lo que fuera, según el día y, además, a crema hidratante con la que todos los miembros de la familia se habían **embadurnado**[41] las pieles enrojecidas o morenas –según la sensibilidad al sol de cada uno de ellos–. Era el más puro aroma de verano, vacaciones y pueblo.

Después de comer se echaba la siesta hasta el periquito. *No había cristo* que saliera a las calles del pueblo con ese *sol de justicia*. Más tarde toda la familia iba a un pueblo cercano, algo más grande y algo más cosmopolita, Torredembarra, para pasear y tomar un helado hasta que al anochecer las bandas de mosquitos atormentaban a todo ser viviente y la familia emprendía la huida. Otras veces, los mayores, Emma, Manuel y la tía Petra,

---

[41] **Embadurnar:** aplicar una substancia en abundancia, manchando.

visitaban a alguno de sus convecinos o paseaban por el campo. Mientras tanto Álex e Irene salían por ahí con su **pandilla**[42] e Inés paseaba en bicicleta por el pueblo con algún chiquillo del lugar. Lo tenía calculado: en una hora podía dar unas trescientas vueltas por el pueblo; era realmente muy pequeño.

Después, a cenar. Era ya una costumbre que todos los miembros de la familia aseveraran con firmeza que no era necesario que Emma preparara nada para cenar. «No, no, qué va. No hagas nada, mujer, Emma. Pero si hemos comido una barbaridad y después el helado en la terraza de Torredembarra y el refresco... Nada, un poco de agua de limón y ya está». Pero, Emma, esmerada cocinera, siempre preparaba algo: un poco de verdura y pescado; una tortilla de patatas y una ensalada de tomate; unos bocadillos de jamón serrano con pan con tomate... Y parecía que el olorcillo de la comida tenía un efecto hipnótico sobre la familia porque todos iban acudiendo a la mesa guiados por el delicioso olor. Tras la cena, que nunca era **frugal**[43], venía un rato de charla sentados en el **poyete**[44] que había en la fachada de la casa, o una partida de cartas o una caminata por la carretera secundaria que enlazaba la general con el pueblo y que se convertía en la procesión de una familia algo alocada que reía y alborotaba provocando, más de una vez, el enfado de alguno de los residentes de los chalés que medio en francés y medio en español venían a decir algo así como que no eran horas de molestar, que no se podía dormir y, es muy probable, que alguno mascullara que qué ruidosos son los españoles. ¡Qué iban a saber esos extranjeros lo que era una familia divirtiéndose! ¡Qué poco sentido del humor! Finalmente: a *dormir como benditos.*

---

[42] **Pandilla:** grupo de amigos.
[43] **Frugal:** ligero, escaso.
[44] **Poyete:** banco de piedra.

1. **Responde a estas preguntas.**

a. ¿Por qué las comidas de los domingos de la familia Soralc Dolzán eran diferentes a las de la mayoría de las familias españolas?

b. ¿Puedes explicar por qué Emma, la madre de la protagonista, prefiere que sus hijos nazcan en casa y no en un hospital que era lo habitual en España en los años sesenta?

c. ¿Por qué el nacimiento del primer hijo de Emma y Manuel, Álex, fue difícil y peligroso?

d. ¿Durante cuántos años Inés pasó las vacaciones de verano con su familia en el pueblo de Creixell? ¿Cuántas tiendas había en el pueblo?

e. ¿Puedes resumir la rutina diaria de las vacaciones de verano de Inés? ¿Qué solía hacer cada día la familia?

2. **Las comidas en familia constituyen algo más que un encuentro a determinada hora entre diversas personas.**

a. Individualmente o con un compañero intenta establecer qué acontecimientos se celebran en España con una comida especial.

b. ¿Cuáles son los platos tradicionales en esas ocasiones?

c. ¿Cómo es en tu país?

d. En el relato aparecen algunos platos y alimentos habituales de la cocina española: ¿los conoces todos? Aquí tienes algunos. Busca su significado en el diccionario e intenta describírselos a tu compañero hasta que comprenda de qué se trata:

1. berberechos	**4.** sepia	**7.** gambas	**10.** lechuga
2. mejillones	**5.** marisco	**8.** nata	**11.** zanahoria
3. rape	**6.** cigalas	**9.** crema	**12.** cebolla

3. **En el relato has podido conocer cómo era el viaje hacia el lugar de vacaciones de esta familia. ¿Cómo eran los viajes con tu familia durante tu infancia? ¿Cuáles son las diferencias más importantes?**

– Considera los siguientes aspectos: el destino de vacaciones, la preparación del viaje, el medio de transporte, el tipo de equipaje, los miembros de la familia que viajan, la duración del trayecto...

– Primero, en parejas, coméntalo con tu compañero. Después, intercambiad la información todo el grupo.

Ese agosto de 1971, de madrugada, hubo una tormenta de mil demonios, *habían caído chuzos de punta* y ahora cada tres segundos se veía un relámpago y, al poco, se oía un furioso trueno. Súbitamente tembló toda la casa y toda la familia, desde sus respectivas habitaciones, se precipitó hacia la escalera. Inés se colgó del cuello de su hermano Álex con un susto terrible y todos salieron a la calle, en pijama para más detalles, que era digno de verse. A dos casas más allá, se veían llamas.

–¡Dios mío, qué ha pasado aquí! Fíjate, Manuel, pero si es la casa de Josep y Teresa. –Que medio pueblo se llamaba Josep y Teresa, pero todos sabían a qué Josep y a qué Teresa se refería.

–Eso es que ahí ha caído un rayo, Emma. Seguro. Que las tormentas de verano son muy traicioneras. Inés, hija, no llores, que no pasa nada.

–Manuel, Manuel, tenemos que ir a ayudar que les va arder la casa entera.

Todo el pueblo se volcó en la operación de salvamento, operación que bien podía haberse llamado «Operación tormenta de verano», «Operación salvad a Josep y Teresa», «Operación hoy por ti y mañana por mí». Inés nunca había visto tanto trasiego y desenfreno, tantos cubos de agua arriba y abajo, tantas mantas, tantos hombres, mujeres y niños –y algunos perros y gatos– en un espacio tan pequeño, que parecía que se habían multiplicado por diez (el total de la población de Creixell en agosto de 1971 eran 62 habitantes. Si se contaban los turistas, entonces, 68 –o sea, seis personas más; es decir, la familia Soralc Dolzán sin contar al periquito).

Cuando parecía que todo el mundo se tranquilizaba y empezaba a dispersarse, porque el fuego ya estaba controlado y solo humeaba un poco algún que otro rincón, se oyó un alarido tal que la mitad del pueblo que todavía se encontraba delante de la casa y la otra mitad que en un abrir y cerrar de ojos ya estaba de nuevo ahí (que no hacía falta mucho tiempo ni *correr como un galgo* para volver a situarse cerca de la casa) dirigieron sus ciento treinta y seis ojos hacia la ventana de la primera planta de la casa accidentada.

–¡Ay, Manuel, Manuel! ¡Que ese grito ha sido de Teresa! ¡Que esa es Teresa!

–Bueno, bueno, Emma, tranquila. Ahora mismo subo a ver qué le pasa.

–¡Ay, Manuel, Manuel! ¡Ay!

–¡Qué barbaridad, Emma! ¡Deja de canturrear «Ay, Manuel, Manuel» que parece la canción del verano! Que ahora voy a ver qué le pasa y, a malas, cojo el coche y la llevo a Tarragona, al hospital. ¡Tranquilízate!

–¡Que yo ya sé qué le pasa! ¡Que no le va a servir de nada el coche! ¡Que...!

–¡Qué vas a saber tú qué le pasa! ¿Qué eres ahora, una vidente, Emma? Además, si le pasa algo ¿por qué no la puedo llevar con el seiscientos? ¿O es que prefieres que la lleve su marido en el tractor a 20 km/hora? Anda, espérame aquí y dile a Petra que te prepare una tila, que estás tú muy nerviosa.

–Que no, que no, Manuel, que yo voy contigo.

–Pues, hala, vamos, no perdamos más el tiempo. Primero te asustas como un pajarito, después te pones como un *pájaro de mal agüero* y ahora quieres estar en primera fila. Si cuando yo digo que no hay quien te entienda, no falto a la verdad.

–¡Yo voy con vosotros!

–Tú te quedas aquí, Inés. Solo faltaría eso. Me vais a volver loco entre las dos.

Inés esperó unos segundos. Era verdad que era miedosa, pero también muy curiosa y como ya no había fuego... no había peligro. No solo Manuel y Emma querían entrar en casa de Josep y Teresa, no, no: el pueblo entero se agolpaba en la puerta de la casa. Manuel, que se creía que por ser de ciudad tenía más credibilidad, más ascendiente, más autoridad, más... frenó la mezcla de sincera preocupación y enfermiza curiosidad del grueso de los vecinos. Inés ya se había colado en la casa y se dirigía a la primera planta, de donde había venido el grito agudo y urgente. Se quedó paralizada frente a la puerta de la habitación, había oído un segundo alarido seguido de otros gritos menores algo quejumbrosos. Su padre y su madre ya habían llegado también a la misma puerta, la del dormitorio de Teresa y Josep.

–¿Qué haces aquí, Inés? ¿No te hemos dicho que te quedaras fuera?

–Es que he oído...

–Anda, sé buena y vete a casa. ¡Vamos!

Pero Inés no se fue. Sus pies estaban pegados al suelo. Otro grito hizo que Manuel y Emma se olvidaran de Inés y le dieran tal **porrazo**[45] a la puerta que quedó *abierta de par en par*.

–¡Emma, por Dios, me lo podías haber dicho!

–¡Ay, Manuel, si es que nunca me dejas hablar! ¡Ya te decía yo que no iba a servir de nada el coche! ¡Que no hay tiempo!

Teresa, la vecina, se agarraba al barrote lateral de la cama y a su marido, que *sudaba tinta*. Emma y Manuel la ayudaron a tumbarse en la cama. Y Emma pidió agua caliente y toallas y unas tijeras. Y le decía a Teresa: «¡Empuja, empuja!». Y Teresa empujaba y apretaba la mano de su marido. Y Manuel, por inercia, también decía: «¡Empuja, empuja!» y apretaba la mano de su vecino, Josep, con la intención de transmitirle la poca fuerza que él mismo tenía. Y empujando y empujando, y apretando manos y apretando manos, y entre gritos y gritos vino un grito

---

[45] **Porrazo:** golpe fuerte.

más fuerte y definitivo –el de Teresa– y un «¡Ya está!» –el de Emma– y un «¡Por favor!» –el de Manuel– y un «¡Teresa!» –el de Josep– y un llanto –el del niño, que se llamaría Josepet– y un «¡Así fue, así fue!» –el de Inés, que no se había movido del umbral congelada por la impresión y por las ganas de saber–. Y aunque no había visto prácticamente nada –la noche era muy oscura– había imaginado, intuido y entendido prácticamente todo. Prácticamente todo. Ahora sí que sabía de dónde, y aproximadamente cómo, había venido. Así fue.

Y esto les contó Inés, una vez, a uno de sus grupos de estudiantes de español, a un grupo donde había dos estudiantes suecos y una estudiante alemana y dos estudiantes chinos y dos brasileñas y una rusa y un polaco y... un estudiante de Marruecos.

Sí, sí, un estudiante de Marruecos que ya iba por su cuarto año de español y que el primer día de su primer curso –cuatro años atrás– no notó en Inés ningún problema con la erre.

–**Assalamu 'aleikum**[46], Said.

–**Ua'aleikumus salam**[47], Inés.

–Vamos a ver, Said, otra vez: yo soy de Barcelona, soy española, y tú, ¿de dónde eres?

–Yo soy de Chifchaouen, en Marruecos. Soy Marruecos.

–Bueno, yo soy española pero no soy España, soy de España. Así que tú eres...

–...eres...

–Yo soy española, ¿y tú?

–Sí, sí. Tú española, yo marroquí.

–Sí, yo soy española y tú de Marruecos. Marruecos.

Así fue.

---

[46] **Assalamu 'aleikum:** forma de saludo en lengua árabe que significa aproximadamente la paz sea contigo.
[47] **Ua'aleikumus salam:** respuesta al saludo anterior que significa y contigo sea (la paz).

1. En el relato has encontrado algunas expresiones destacadas en *cursiva*. Relaciónalas con su significado.

1. *¡Por los clavos de Cristo! ¡Virgen del Amor Hermoso! ¡Ave María Purísima!* — **h.**

2. *Aquí paz y después gloria* ___

3. *Más vale maña que fuerza* ___

4. *A la tercera va la vencida* ___

5. *Dar las uvas* ___

6. *Quedarse en blanco* ___

7. *No haber roto nunca un plato* ___

8. *(Tener/Poner) cara de cordero degollado* ___

9. *No tragar (a alguien)* ___

10. *Ser peor el remedio que la enfermedad* ___

11. *Disfrutar de lo lindo* ___

12. *Cerrar a cal y canto (algo)* ___

13. *(No haber) ni cristo (en algún sitio)* ___

14. *(Hacer) un sol de justicia* ___

15. *Dormir como un bendito* ___

16. *Caer chuzos de punta* ___

17. *Correr como un galgo* ___

a. Es preferible la experiencia o tener una buena idea que la fuerza física.

b. A veces son peores las consecuencias que el propio hecho.

c. Hacer un calor exagerado.

d. Ser o aparentar ser muy inocente ingenuo o bueno.

e. Con ojos saltones y de expresión triste.

f. Persona que trae desgracias o mala suerte.

g. Dormir profundamente y tranquilo.

h. Exclamaciones de sorpresa, temor o dolor.

i. No soportar o no gustar alguien.

j. Poner fin a una discusión o a una situación difícil o incómoda.

k. Conseguir algo después de repetirlo, con esfuerzo.

l. Llover o granizar intensamente.

m. No poder recordar algo que se sabe, generalmente a causa de la presión o el nerviosismo.

n. Cerrar algo completamente.

ñ. Estar algo completamente abierto.

o. Costar mucho, un gran esfuerzo hacer o soportar algo.

p. No haber absolutamente nadie.

18. Ser pájaro de mal agüero	__	q. Correr a gran velocidad.
19. (Estar algo) abierto de par en par	__	r. Pasarlo muy bien, excelente.
20. Sudar tinta (alguien)	__	s. Hacerse muy tarde; tardar mucho en hacer o decir algo.

2. ¿Verdadero (V) o falso (F)?

                                                                                V   F

a. En la casa de los vecinos de Inés hay un incendio a causa de un problema con el tractor.. ☐ ☐

b. Todos los vecinos colaboran con su ayuda para apagar el incendio. ...... ☐ ☐

c. Inés está con sus padres en el dormitorio de los vecinos y ve todo lo que ocurre ahí esa noche. ...... ☐ ☐

d. Inés les explica toda esta historia a sus estudiantes de español de primer curso. ...... ☐ ☐

e. Inés de mayor sigue teniendo dificultades para pronunciar la erre doble. ...... ☐ ☐

3. En el relato puedes distinguir dos aspectos básicos:

a) El retrato de algunos rasgos de una época, la España de los años 60 y 70:

   −¿Cuáles son las características principales de la familia que se describe en el relato?

   −¿Cómo describirías al padre, a la madre y a los hijos −especialmente a Inés?

   −¿Cómo crees que es la familia española actual? ¿Y cómo es una familia típica actualmente en tu país?

b) Las inquietudes y los deseos de una niña: Inés es una niña que se siente preocupada porque no sabe exactamente en qué lugar ha nacido y desde pequeña tiene pensado lo que va a ser de mayor.

   −Cuando eras un/a niño/a, ¿había cosas que te preocupaban porque desconocías la explicación o porque no sabías la respuesta o, simplemente, porque no lo entendías?

   −Cuando eras pequeño/a, ¿qué querías ser de mayor? ¿Por qué? Y ahora... ¿sigues queriendo ser lo mismo?

Claves

ANTES DE LA LECTURA

1. Posible respuesta:

Personas: madre, médico, ginecólogo/a, obstetra, comadrón/a, padre, niño/a, bebé, recién nacido, enfermero/a, parturienta, partera, anestesista, familiares...

Lugares: hospital, clínica, quirófano, paritorio...

Objetos: cama, cuna, canastilla, chupete, biberón, babero, pañales...

Sentimientos: alegría, felicidad, contento, dolor, temor, nerviosismo, intranquilidad, cariño, ternura, emoción, impaciencia, desasosiego...

DURANTE LA LECTURA

1. a. Porque no tomaban café con −o después de− los postres como era −y es− habitual entre las familias españolas; **b.** La causa es que Emma tenía miedo de que, en el hospital, los médicos o las enfermeras se confundieran de bebés y que entregaran los suyos a otra familia, y los de otra familia a ella; **c.** Porque la comadrona esperó demasiado para ayudar a nacer al bebé y el niño dejó de moverse en el interior de su madre; **d.** Inés veraneó doce años en el pueblo de Creixell. En el pueblo solo había dos tiendas (una de frutas y verduras, y otra para el resto de productos); **e.** Todas las mañanas iban a la playa/ después se duchaban en casa/ a continuación comían/ luego dormían la siesta/ después iban a un pueblo cercano a tomar un refresco o visitaban a algún vecino o los hermanos de Inés salían con su pandilla o Inés daba vueltas en bici por el pueblo/ más tarde cenaban/ después de la cena charlaban al fresco o jugaban unas partidas de cartas o paseaban por la carretera del pueblo.

DESPUÉS DE LA LECTURA

1. 1. h; **2.** j; **3.** a; **4.** k; **5.** s; **6.** m; **7.** d; **8.** e; **9.** i; **10.** b; **11.** r; **12.** n; **13.** p; **14.** c; **15.** g; **16.** l; **17.** q; **18.** f; **19.** ñ; **20.** o.

2. a. Falso (el problema no lo causa el tractor sino un rayo); **b.** Verdadero (todo el pueblo ayuda a apagar el incendio); **c.** Falso (Inés no está dentro del dormitorio, está frente a la puerta; tampoco puede ver todo lo que ocurre porque está muy oscuro, sobre todo intuye y comprende por lo que oye); **d.** Falso (Inés les explica la historia a un grupo de estudiantes de cuarto curso); **e.** Falso (Inés ya no tiene dificultades para pronunciar la erre doble, cosa que puede observarse cuando −en una escena retrospectiva− habla con un estudiante marroquí de primer curso y pronuncia correctamente varias veces el nombre del país, Marruecos).

X

Lenguas

Rocío Lerma Sánchez* y Sonia Remiro Fondevilla**

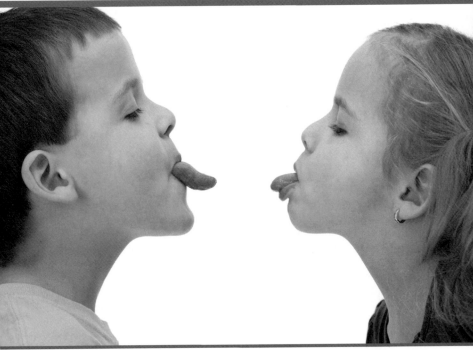

 10

* Ha sido profesora de lengua y cultura española en la Universidad Antonio de Nebrija en Madrid, en la Escuela Pablo Picasso en Tallinn y, actualmente, trabaja en San Diego State University en California.

** Tiene un doctorado en Filología Hispánica por la Universidad de Zaragoza. Ha trabajado como profesora de español en varias academias privadas, en la Universidad de Zaragoza y fue lectora del AECID tres años en la Universidad de Tallinn, Estonia. Actualmente se dedica a la creación de materiales didácticos.

1. En este relato se hablará de dos personajes que tienen una extraña relación con dos órganos muy importantes para los sentidos del gusto y del oído. ¿Sabes cuáles son? ¿Qué otros tres sentidos faltan? Di también qué órgano es el principal de cada uno de ellos.

2. Si solo pudieras elegir un sentido con el que pasar un día, ¿cuál crees que elegirías? ¿Por qué?

3. En español hay muchas expresiones relacionadas con algunos órganos que hemos visto en las preguntas anteriores. Nuestro relato va de lenguas, así que te pedimos que relaciones estas expresiones con su significado para que así entiendas mejor la historia.

EXPRESIONES

1. Tirar de la lengua.
2. Irse de la lengua.
3. No tener pelos en la lengua.
4. Calentársele a alguien la lengua.
5. Ser dado a las malas lenguas.
6. Tener algo en la punta de la lengua.
7. Parecer que a uno se le ha comido la lengua el gato.

1. _____ ☐
2. _____ ☐
3. _____ ☐
4. _____ ☐
5. _____ ☐
6. _____ ☐
7. _____ ☐

SIGNIFICADOS

a. Decir algo que se debería mantener en secreto.
b. Tener el hábito de criticar y hablar mal de los demás.
c. Hacer que alguien diga algo que no quería decir.
d. No hablar. Permanecer en silencio.
e. Hablar algo más de lo adecuado.
f. Estar a punto de recordar algo.
g. Decir las cosas tal y como se piensan sin tener cuidado de herir o molestar a otra persona.

4. ¿Existen estas expresiones en tu lengua materna o en otras lenguas que conoces? ¿Son iguales? ¿Parecidas? Habla con tu compañero.

5. Por el título del relato y la imagen que lo acompaña, haz una hipótesis sobre el tema. Piensa en posibles argumentos y compártelos con tu compañero.

«A semejanza de las huellas dactilares, las marcas de la lengua son únicas en cada persona».

Cuando a los ocho años Pablo leyó esto en una revista de ciencia para niños en la sala de espera del dentista, supo a qué dedicaría el resto de sus días. Se olvidó de su colección de cromos de **David el Gnomo**[1], de entrenar para ganar la **Vuelta ciclista a España**[2], y de pronto, su cabeza se fue llenando de lenguas.

Su cuerpo estaba en la sala de espera del dentista, pero su cabeza estaba mucho más lejos. Lejos de las ancianas que intercambiaban **achaques**[3] y olían a coliflor rehogada. Lejos de los señores que pasaban con avidez las suaves hojas de **papel cuché**[4] de las revistas mientras fingían desinterés. Y, sobre todo, lejos del sonido de esa horrible máquina taladradora que tenía el dentista y que chillaba apenas a unos metros, al otro lado de la puerta. Nuestro pequeño protagonista ya no tenía miedo porque ahora tenía un objetivo en su vida. Ahora sabía que la lengua era un órgano único y extraordinario. Sabía que quería hacer algo auténticamente grande con su lengua. Pero, ¿qué?

---

[1] **David el Gnomo:** serie de dibujos animados de origen español emitida a mediados de los años ochenta. Narra las aventuras del gnomo David y su familia en el bosque. La serie trata, entre otros temas, del respeto por el medioambiente.

[2] **Vuelta ciclista a España:** es una competición ciclista que recorre España durante, aproximadamente, unas tres semanas. Junto con el Tour de Francia y el Giro de Italia, la Vuelta está considerada como una de las grandes competiciones de ciclismo.

[3] **Achaque:** enfermedad que habitualmente aparece con la vejez.

[4] **Papel cuché:** papel satinado que se utiliza normalmente en las revistas del corazón.

Como tan solo era un niño, ilusionado, pero un niño, lo primero que hizo fue buscar a alguien a quién imitar. Si hubiera ido ese día a clase, le habrían explicado la historia y las hazañas de «**El Cid Campeador**»[5], que era el tema que ese día tocaba en clase de literatura, y quizá lo hubiera adoptado como héroe, pero por culpa –o gracias– a su dolor de muelas encontró otra lectura interesante entre la montaña de revistas del corazón retrasadas que su madre ojeaba. A Pablo le llamó la atención el libro más grande que había visto en su corta vida. En el colegio todavía debía leer historias adaptadas que no le entusiasmaban demasiado. Pero ese libro «para mayores», multicolor y con las letras plateadas en relieve era todo un reto que estaba a su alcance. Mientras su madre leía absorta los últimos **escarceos**[6] del torero favorito de las mujeres, él pensó en la manera de llegar al libro sin que los otros adultos que había en la sala se dieran cuenta. No estaba seguro de qué iba el libro, pero sabía que a veces los adultos se ponían muy nerviosos cuando intentaba probar cosas nuevas o acceder a los tomos que había en la última estantería de la biblioteca de su padre. Justo en ese momento entró una enfermera que olía a desinfectante y pronunció dos nombres. Los dos adultos que había en la salita –su madre en esos momentos no era un problema– salieron. Era la ocasión: se levantó de la silla y comprobó que su madre no se enteraría de nada que ocurriera fuera de las hojas de la revista. Se aproximó a la mesita, cogió fuerzas y levantó el pesado libro. Pablo leyó: «Liiii bro Guiiii nness de los Reee cords». Aunque nunca había escuchado ese título, enseguida se sintió atraído por la palabra *récord*. «Debe de estar

---

[5] **El Cid Campeador:** Rodrígo Díaz de Vivar es una figura histórica y legendaria de la Reconquista (722-1492). Su vida inspiró uno de las obras más famosas de la literatura en español: el *Cantar de Mío Cid* (su fecha de composición no es exacta, aunque se cree que fue escrito a finales del siglo XII, comienzos del XIII).

[6] **Escarceo:** intento de comienzo de una relación amorosa.

lleno de héroes», se dijo. Empezó a pasar páginas a una velocidad vertiginosa. Mientras hojeaba, focalizaba su atención en aquellas páginas cuyas fotos ilustraban partes del cuerpo: tenía que encontrar a alguien relacionado con el apasionante tema «lingüístico» que había descubierto. De repente sintió un escalofrío. Fue un flechazo, había encontrado a su particular héroe: Stephen Taylor, récord mundial invicto con una lengua de 9,5 centímetros. Justo a tiempo:

–Pablo Fernández –chilló la misma enfermera de bata blanca y dientes sospechosamente perfectos.

Ya no le importó que el dentista le taladrase una muela. Con avidez. Como si fuera a encontrar oro en su encía. Ya no le importó ni que aquel sonido fuera intolerablemente chirriante ni que el ambiente oliera a chamusquina. En su cabeza solo cabía una idea: hacer algo grande con su lengua.

Al principio, ingenuamente, nuestro pequeño héroe pensó que, con un poco de estimulación extra, su lengua podría llegar a ser tan larga como la del Sr. Taylor. O más. Todas las noches, después de lavársela concienzudamente y dejarla con un fresco aroma a clorofila, Pablo se ataba cuatro pesas, que previamente tenía que robar a su musculoso hermano mayor, y las dejaba colgando al borde de la cama para conseguir que creciera. «¡Ojalá mi lengua gane a la del señor Taylor mañana!», era su último pensamiento del día. De haber seguido con esta práctica continuada, el Sr. Taylor, a su lado, habría quedado como un **lengüicorto**[7]. Pero claro, era un niño, y cansado de despertarse con lengua de estropajo todas las mañanas, decidió que tener la lengua larga no era tan importante. Lo importante era tener una lengua, aunque corta, bien entrenada. Sabía lo importante que eran los deseos –su padre siempre se

---

[7] **Lengüicorto, a:** tímido al hablar o reservado. Sin embargo, aquí se juega con la palabra para darle el significado de lengua corta o de pequeña longitud.

lo repetía–, así que cada dos horas se decía: «Deseo que mi lengua sea la más hábil de la región».

Cada mañana, antes de ir al colegio, ejercitaba durante más de una hora la musculatura de su lengua: estiramientos, flexiones, silbidos y movimientos masticatorios. Todos los días, a la misma hora, su despertador-gallo le despertaba con un ¡¡¡QUIQUIRIQUÍÍÍÍÍÍÍÍÍÍÍÍÍÍ![8] Pablo, sabedor de su **don**[9], se levantaba rápidamente sin rechistar. Sabía que no era un niño normal. Era un niño con una lengua prodigiosa. O, al menos, lo sería tras el conveniente entrenamiento. Y así fue.

A los doce años, debutó en las fiestas de su barrio interpretando ***Paquito el chocolatero***[10] en si bemol mayor a golpe de silbidos. Con su lengua, claro. Aquel fue uno de los momentos más felices de su vida. Todos los niños se colocaron a su alrededor. Se hizo el silencio. Había alguno que no confiaba demasiado en sus habilidades. Otros practicaban el considerado por muchos «deporte nacional de España», es decir, **la envidia**[11], e intentaron sabotearle para que se pusiera nervioso y no lograra afinar. Todo fue en vano. Nuestro protagonista se concentró y empezó a hilvanar con su lengua las notas musicales, o sea, interpretó a la perfección la canción, a todo volumen. El resto de los niños lo sabían y aunque muchos de ellos hubieran deseado su fracaso, no les quedó otro remedio que empezar a mover su cuerpo al compás de la pegajosa canción. Hacia delante y

---

[8] **Quiquiriquí:** onomatopeya o palabra que imita el sonido que, en lengua española, hacen los gallos al amanecer.

[9] **Don:** habilidad especial para hacer algo.

[10] ***Paquito el chocolatero:*** composición musical creada en 1937 por el autor valenciano Gustavo Pascual Falcó. Es una de las canciones españolas más populares por ser tocada en las fiestas de verano de todos los pueblos del país.

[11] **La envidia:** muchos españoles creen que uno de los mayores defectos de sus compatriotas es una tendencia excesiva a criticar y a envidiar los logros de los demás. Esta expresión sirve para ejemplificar lo extendido de este defecto entre algunos.

hacia detrás. *¡Eh, eh!*[12] Hacia detrás y hacia delante. *¡Eh, eh!* Mientras tanto, Pablo no dejaba de animar a todos. Con su lengua, claro.

A los trece ya era bicampeón del torneo anual de velocidad comiendo chupa-chups. El entrenamiento para este campeonato fue ciertamente dulce. Durante más de seis meses, y sin importar si hiciera frío o calor, iba a Pica-Pica, la tienda de frutos secos del barrio, para comprar su provisión de chupa-chups. Después de cenar y de ponerse sus muñequeras, cronometraba cuánto tardaba en comerse cada chupa-chups. Con el paso del tiempo, era capaz de distinguir cada sabor con un simple lametazo: sandía, coca cola, fresa y nata, lima-limón. Así pasó una azucarada temporada hasta el día del concurso. El prestigioso certamen era muy conocido entre sus amigos y consiguió ser el más popular entre ellos al conseguir acabar con cinco de esos caramelos en tan solo un minuto y medio. Con su lengua, claro.

Tampoco debemos olvidarnos de su período de pintor: no pintor de pincel, pintor de lengua, claro. Como tenía un músculo tan entrenado como el suyo, a Pablo no le fue difícil crear toda una gama de colores naturales y deliciosos: negro-tinta de calamar; morado-remolacha, rojo-salsa de tomate... Lógicamente, fue una época prolífica pero también en la que engordó unos cuantos kilos. De todos modos, mereció la pena porque, a los catorce, ganó el primer premio del concurso de pintura de su colegio con una versión de ***Las Meninas***[13] técnica mixta: colores frutales y lengua, claro.

En plena adolescencia, y como es natural, Pablo empezó a

---

[12] *¡Eh, eh!*: la canción de *Paquito el chocolatero* va acompañada de una coreografía colectiva y sencilla que, con algunas variantes, consiste en filas móviles de personas que, cuando la canción lo requiera, se doblaran por la cintura gritando «eh, eh» al mismo tiempo.

[13] ***Las Meninas***: o *La familia de Felipe IV* es uno de los cuadros más famosos del pintor barroco Diego Velázquez que puede ser contemplada en el Museo del Prado de Madrid.

descubrir nuevos usos a su lengua. Por supuesto que le interesaba la anatomía de la lengua humana: ¿cómo es posible que se hayan dibujado líneas que son únicas en cada persona en la cara superior? ¿Cómo es posible que alguien haya diseñado el justiciero **frenillo**[14], en la cara inferior, sin el cual nos tragaríamos nuestra propia lengua?, se preguntaba. Obviamente, a su edad, le interesaba especialmente la punta lingual y sus múltiples aplicaciones prácticas. Ya sabéis. Puntas linguales que intiman entre sí. Puntas linguales acariciadoras. Puntas linguales traviesas. Ya sabéis.

Los años fueron pasando, pero su fascinación por las lenguas no. ¡Era un músculo tan increíble! Después de las inevitables experiencias traumáticas con lenguas humanas durante su adolescencia, en su madurez, Pablo se hizo forofo de las lenguas no humanas. ¡Ay, las lenguas de los perros! Porque, ¿qué hacen los perros cuando tienen calor? ¿Se sujetan un ventilador con una pata delante del hocico? Pues no. Sacan la lengua, dejan que crezca y crezca, incluso hasta el doble de su tamaño, y listo. La lengua crece y el calor decrece. ¡Fascinante! ¡Y lo que le gustaban las lenguas **prénsiles**[15] de los moluscos! La de horas y horas que había pasado estudiando mejillones. Pero como hombre sensible que era, su lengua no humana favorita era la **lengua-serpentina**[16] de las mariposas. Tan larga que las pobres **lepidópteras**[17] la tienen que guardar detrás de su cerebro. Una lengua que seguro olería siempre a flores.

La verdad es que nuestro protagonista sabía cosas fascinantes sobre lenguas humanas, no humanas e inhumanas.

---

[14] **Frenillo:** parte inferior de la lengua que la sujeta al interior de la boca.

[15] **Prensil:** que sirve para coger.

[16] **Lengua-serpentina:** adjetivo que se aplica a aquello, en este caso una lengua, que se extiende o se mueve con los movimientos típicos de una serpiente.

[17] **Lepidóptero:** insecto que tiene una boca chupadora con una trompa que se arrolla en espiral, y cuatro alas.

Conocimientos sabrosos de escuchar. Pero, lamentablemente, todavía no había encontrado ninguna oreja atenta que los supiera apreciar en su justa medida. Hasta este mismo instante.

Sí, hasta este mismo instante en el que Pablo se encuentra en la cola de la charcutería del supermercado de al lado de casa. Un lugar donde los olores se pelean por llegar a la nariz. Esa mezcla de **queso manchego**[18], **chistorra**[19] y **morcilla de Burgos**[20]. Pablo espera su turno mientras sostiene una cesta llena de tubos de pasta de dientes de clorofila para dejar su lengua bien limpita y perfumadita, claro. Y justo en ese momento llega ella, y pregunta: «**¿Quién da la vez?**»[21], mientras sostiene una cesta llena de bastoncillos de algodón para las orejas. ¿Una cesta llena de bastoncillos de algodón para las orejas? Esto merece un breve inciso.

Sí, bastoncillos de algodón porque ella siempre ha estado fascinada por las orejas. Acariciar **lóbulos**[22], suaves y blanditos. Desde que era una niñita bien pequeña, Marta no había podido pasar ni una sola noche sin dormir enganchada a la oreja de alguien. Esto es un problema, no creáis. Y, bueno, claro, ella también tenía su héroe particular del *Libro Guinness de los Récords:* Wang Lianhai, un chino mundialmente famoso por haber desplazado, con un artilugio enganchado a sus orejas, un coche de 1,2 toneladas a lo largo de 200 metros por las calles de Pekín. Pero esto de las orejas es ya otra historia y esta

---

[18] **Queso manchego:** queso español elaborado con leche de oveja y producido en la región natural e histórica de La Mancha, en el centro de España.

[19] **Chistorra:** embutido de origen vasco-navarro elaborado con carne de cerdo picada, ajo, sal, pimentón y perejil. Se suele tomar frita o asada.

[20] **Morcilla de Burgos:** embutido típico de la provincia de Burgos y elaborado con sangre y manteca de cerdo más cebolla y arroz. Como condimento suele llevar sal, pimienta, pimentón y orégano.

[21] **¿Quién da la vez?:** frase típica en los mercados españoles que la pronuncia el último en llegar para saber cuál es su turno.

[22] **Lóbulo:** parte inferior y redondeada de la oreja.

historia es de lenguas. Así que no me tiréis de la lengua intentando que me vaya de la lengua.

Nos habíamos quedado en el supermercado: él, con su cesta de tubos de pasta de dientes de clorofila para la lengua; ella, con su cesta de cajas de bastoncillos para las orejas. Pablo pide medio kilo de **chorizo de Cantimpalos**[23]. Él la mira de reojo y se pregunta, claro, cómo será su lengua. La mira y la remira haciendo hipótesis sobre el color y la textura de su lengua. Marta empieza a ponerse un poco nerviosa por el tipo raro de los tubos de pasta de dientes. Siente que está siendo observada. Le toca su torno y ella pide cuarto y mitad de **fuet**[24]. Él no se va de la charcutería y la sigue analizando, calculando que, por el tamaño de su mandíbula, su lengua debe de medir unos 3,7 centímetros de ancho. Ella, ya agobiada, frunce el ceño y le saca la lengua. Son solo unos segundos, pero para él es como un fogonazo. Esa lengua... Hay algo en esa lengua... Y claro, ¿se obsesiona con la chica? Bueno, casi. Se obsesiona con su lengua. No olvidemos que se trata de alguien que ha pasado horas y horas estudiando las lenguas prénsiles de los mejillones.

El caso es que la persigue esa tarde al salir del supermercado. Y la tarde siguiente. Y la siguiente. Debieron de pasar más de dos semanas. Hasta que por fin, una tarde de calor sofocante, vuelve a vislumbrar su lengua amada. Sí, ya podemos decir su lengua amada porque lleva más de dos semanas persiguiéndola a escondidas. Bueno, a ella, no. A su lengua. Entonces, ve su lengua amada justo antes de que Marta vaya a dar un

---

[23] **Chorizo de Cantimpalos:** variedad de chorizo típico de la región de Cantimpalos (Segovia), elaborado con carne de cerdo, pimentón y sal. Opcionalmente también puede llevar ajo y orégano.

[24] **Fuet:** embutido popular de la cocina catalana y elaborado con carne de cerdo picada, sal, ajo y pimienta.

lametazo a un cucurucho de **turrón**[25]. Y *clic*, la inmortaliza y le roba su alma de lengua.

Ya en su cuarto, y después de pasar por una tienda de revelado ultrarrápido, mira y remira la fotografía de la lengua. Esa lengua... Hay algo en esa lengua... Él, que ha visto tantas. De hecho, la pared que tiene justo al lado de la cama está cosida de fotografías de lenguas. «Retratos de familia», los llama él. Está la lengua fina y lisa de su abuela materna, que no tenía pelos en la lengua. La lengua incandescente de su abuelo materno al que se le calentaba la lengua con mucha facilidad. O la lengua viperina de su tía soltera, muy dada a las malas lenguas. En fin, tiene retratos de lenguas enormes y minúsculas. Lenguas secas del desierto y lenguas húmedas de placer. Lenguas tímidas, apenas asomándose entre los dientes, y lenguas arriesgadas y aventureras en busca de otras lenguas.

Pero esa lengua... Hay algo en esa lengua... Y entonces una bombilla se enciende en su cabeza:
  «A semejanza de las huellas dactilares,
las marcas de la lengua son únicas en cada individuo».

Pablo recuerda esa frase que leyó en la consulta del dentista cuando tenía solo ocho años. Mira las marcas de la lengua de ella. Mira las marcas de su propia lengua en un espejo. Mira la lengua de Marta. Mira su lengua. La de ella. La suya. Y descubre que son SIMÉTRICAS. Descubre que, si se entrelazasen, encajarían perfectamente.

Y, entonces, lo comprende todo.

---

[25] **Turrón:** masa dulce que se obtiene de mezclar azúcar o miel y almendras. Normalmente se toma de manera sólida en Navidad, pero también existen variedades de helado de este sabor.

1. Contesta a las siguientes preguntas.

a. ¿Cómo empezó la obsesión de Pablo por las lenguas?

....

b. ¿Dónde encontró Pablo a su primer modelo de lengua a imitar? ¿Quién era? ¿Qué había hecho para ser un modelo para Pablo?

....

c. ¿Qué premios consiguió Pablo, gracias a su lengua, cuando era niño?

....

d. ¿Qué cosas aprendió Pablo sobre las lenguas de otros animales durante su adolescencia?

....

e. ¿A quién conoció Pablo en la cola del supermercado? ¿Qué tenía esta persona de especial?

....

f. ¿Qué método utilizó Pablo para poder examinar mejor la nueva lengua que había conocido en el supermercado?

....

2. En esta historia aparecen dos personajes protagonistas. Un chico y una chica. Cierra los ojos e intenta visualizar el momento en que se encuentran en la charcutería: ¿Cómo son físicamente? ¿Cómo van vestidos? ¿Cómo se comportan? ¿Qué ruidos escuchas? ¿Qué olores puedes percibir? Escribe en tu cuaderno una breve descripción del momento.

3. Pablo y Marta están en el supermercado y se nombran algunos productos típicos de la gastronomía española. ¿Los conoces? ¿Los has probado? Piensa en algo parecido que hayas probado en tu país de origen o en otros países que hayas visitado y cuéntaselo a tu compañero.

4. Vuelve a la actividad cinco del apartado «Antes de la lectura» y comprueba si tus hipótesis sobre el argumento de la historia eran acertadas.

Lo más fácil habría sido perseguirla una vez más. Aprovechar uno de esos momentos en los que ella se sentaba en algún banco, simplemente a tocarse el lóbulo de la oreja y mirar al vacío. Se sentaría a su lado y le diría: «A semejanza de las huellas dactilares, las marcas de la lengua son únicas en cada persona. Y yo he descubierto, sí, es cierto, espiándote, discúlpame, que tu punta lingual y mi punta lingual son simétricas. Vamos, que están hechas la una para la otra, no te digo más».

¿Pero cómo iba a decirle eso? Pensaría que era un inadaptado. Además, ¿y si se le quedaba su extraña declaración de amor en la punta de la lengua? ¿Y si, en el último momento, no sabía que decir y parecía que le había comido la lengua el gato?

Esa noche no pudo pegar ojo.

Pasó horas y horas pensando locos planes para declararle su amor. Sí, le dejaría en el felpudo de su casa, cajas y cajas de **lenguas de gato**[26]. Su dulce favorito, claro. Y, y, y... recortaría letras de colores de revistas y le enviaría por correo mensajes de amor en miles de lenguas diferentes. Incluso en alguna lengua muerta. Y, y, y... también podría contratar una avioneta, de esas que ponen mensajes en el cielo con humo, y escribir, ya lo estaba viendo: «A semejanza de las huellas dactilares, las marcas de la lengua son únicas en cada persona»... Sí, sí,... Seguro que con ese mensaje tan breve y claro, ella se daría por aludida.

Amaneció y Pablo todavía estaba pensando mientras se pellizcaba la lengua nerviosamente. Todo tenía que ser más fácil. Mucho más fácil. Al fin y al cabo, sus lenguas eran SIMÉTRICAS y eso era algo incuestionable.

---

[26] **Lenguas de gato:** dulce popular, normalmente de chocolate, con forma alargada y aplanada, como una lengua.

Y, por fin, lo comprendió todo por segunda vez. Bajó a la calle con un único objetivo en la cabeza, con la tranquilidad de quien lo ha comprendido todo. **Deambuló**[27] y deambuló por las calles, con la tranquilidad de quien lo ha comprendido todo. Muchas horas después la encontró sentada en una parada de autobús y se acercó para que ella notara su presencia, con la tranquilidad de quien lo ha comprendido todo. Se paró frente a ella para poder mirarla fijamente a los ojos, con la tranquilidad de quien lo ha comprendido todo. La agarró por la nuca firme y suavemente, con la intención de que su oportunidad no se escapara, con la tranquilidad de quien lo ha comprendido todo. Y la besó. Con lengua, claro. Como ya todos sabemos, sus lenguas encajaron a la perfección porque eran SIMÉTRICAS. Entonces, dejó que fueran ellas, sus lenguas, las que se lo explicaran todo, hablando, claro, en su propia lengua.

---

[27] **Deambular:** andar sin dirección.

DESPUÉS DE LA LECTURA

1. Di si las siguientes afirmaciones son verdaderas (V) o falsas (F).

                                                                 V   F

a. Pablo tenía doce años cuando en el dentista descubrió que las lenguas de cada persona tienen marcas únicas. ☐ ☐

b. Pablo descubrió en una revista de ciencia a su nuevo héroe: un señor con una lengua muy larga. ☐ ☐

c. Para conseguir que su lengua fuera más larga, Pablo se ataba las pesas de su hermano. ☐ ☐

d. A los catorce años Pablo ganó un torneo de chupa-chups. ☐ ☐

e. Pablo también ganó un concurso del colegio al pintar un cuadro de Goya. ☐ ☐

f. Pablo y Marta se conocieron esperando la cola de la charcutería. ☐ ☐

g. A Marta le gustó Pablo desde el principio. ☐ ☐

h. Pablo le declaró su amor a Marta con el humo de una avioneta. ☐ ☐

i. Pablo consiguió encontrar a Marta sentada en una parada del autobús. ☐ ☐

2. Sustituye las palabras en negrita en los siguientes fragmentos del relato por las que aparecen en el recuadro. Adáptalas si es necesario.

> productiva ● gritar ● fanático ● estar lleno ● medir

a. –Pablo Fernández– **chilló** la misma enfermera de bata blanca y dientes sospechosamente perfectos.

                                        ☐

b. Después de cenar y de ponerse sus muñequeras, **cronometraba** cuánto tardaba en comerse cada chupa-chups.

                                        ☐

c. Tampoco debemos olvidarnos de su período de pintor: no pintor de pincel, pintor de lengua, claro. Como tenía un músculo tan entrenado como el suyo, a Pablo no le fue difícil crear toda una gama de colores naturales y deliciosos: negro-tinta de calamar; morado-remolacha, rojo-salsa de tomate... Lógicamente, fue una época **prolífica** pero también en la que engordó unos cuantos kilos.

d. Después de las inevitables experiencias traumáticas con lenguas humanas durante su adolescencia, en su madurez, Pablo se hizo **forofo** de las lenguas no humanas.

e. De hecho, la pared que tiene justo al lado de la cama **está cosida** de fotografías de lenguas. «Retratos de familia», los llama él.

3. Busca un récord "Guinness" relacionado con los sentidos o los órganos que intervienen. Escribe un pequeño resumen y llévalo a clase.

4. Los protagonistas de nuestra historia tienen un flechazo. ¿Crees en el amor a primera vista? ¿Conoces algún caso?

5. Pablo, el protagonista del relato, piensa en distintos planes para expresarle a Marta lo que siente por ella:

"Sí, le dejaría en el felpudo de su casa, cajas y cajas de lenguas de gato. Su dulce favorito, claro. Y, y, y... recortaría letras de colores de revistas y le enviaría por correo mensajes de amor en miles de lenguas diferentes. Incluso en alguna lengua muerta. Y, y, y... también podría contratar una avioneta, de esas que ponen mensajes en el cielo con humo, y escribir, ya lo estaba viendo: «A semejanza de las huellas dactilares, las marcas de la lengua son únicas en cada persona»..."

Discute con tu compañero otras formas por las que Pablo podría haber declarado sus sentimientos a Marta. Ponedlo en común con el resto de la clase y votad la forma más romántica, la forma más divertida, la forma más arriesgada, etc.

Claves

ANTES DE LA LECTURA

1. El órgano relacionado con el gusto es la lengua y con el oído, el oído. Faltan el tacto (piel), la vista (ojos) y el olfato (nariz).

3. 1. c; **2.** a; **3.** g; **4.** e; **5.** b; **6.** f; **7.** d.

DURANTE LA LECTURA

1. a. Al leer cuando tenía ocho años en la consulta del dentista una *revista de ciencia para niños*; **b.** En el *Libro Guinness* de los Récords. Stephen Taylor, récord mundial invicto con una lengua de 9,5 centímetros; **c.** A los doce años, debutó en las fiestas de su barrio interpretando *Paquito el chocolatero* en si bemol mayor a golpe de silbidos, a los trece ya era bicampeón del torneo anual de velocidad comiendo chupa-chups y a los catorce ganó el primer premio en el concurso de pintura de su colegio; **d.** En plena adolescencia, Pablo empezó a descubrir que los perros sacan la lengua cuando tienen calor, dejan que crezca y crezca, para que el calor decrezca; **e.** Conoce a Marta, una chica obsesionada por las orejas; **f.** La sigue a la charcutería, la analiza y ante su agobio, frunce el ceño y le saca la lengua. Le hace una foto.

DESPUÉS DE LA LECTURA

1. a. F; **b.** F; **c.** V; **d.** V; **e.** F; **f.** V; **g.** F; **h.** F; **i.** V.

2. a. gritó; **b.** medía; **c.** productiva; **d.** fanático; **e.** está llena.

Títulos de la colección

Relatos. Historias cortas para entender español

ISBN: 978-84-9848-329-1

Relatos 2. Historias cortas para entender español

ISBN: 978-84-9848-529-5